카테고리를
디자인하라

새로운 수요를 창조하는 기술

# 카테고리를
# 디자인하라

김훈철 · 김선식 지음

언제나 우리들의 마케팅 스승이었던 시어도어 레빗(**Theodore Levitt**) 교수의 영전에 이 책을 바치고 싶다.

| 차례

프롤로그  새로운 디자인 관점으로 무장하라 • 8

**제1전선  새로운 수요를 창조하는 기술**
소비자의 무의식을 깨워라 • 14
차별화를 선도하라 • 21
가치를 디자인하라 • 28
본질은 내추럴(natural)이다! • 34

**제2전선  새로운 카테고리는 어디에 있는가?**
중심시장의 가장자리에 있다 • 40
기존 카테고리의 분화에서 시작된다 • 47
소비자 욕구의 사소한 차이에 주목하라! • 56
소비자 마음속 본질에 답이 있다 • 61

### 제3전선  카테고리 디자인 전략이란 무엇인가?

카테고리 디자인의 전략적 사고란 무엇인가? • 72
처음이 될 수 있는 카테고리를 창조하라 • 82
카테고리 디자인 전략의 상호관계를 이해하라 • 124
지속가능한 마케팅 전략의 원칙 • 142

### 제4전선  카테고리 디자인 브랜딩 전략

브랜드 이름은 달라야 한다 • 162
개별 브랜드 전략은 필수다 • 169
원형이 되는 브랜드 이름이 필요하다 • 175
소비자 마음속에 콘셉트를 심어라! • 184

### 제5전선  카테고리 디자인 실행 전략

카테고리는 인식의 싸움이다 • 194
기존 카테고리를 공격하라! • 204
빨리 달아오른 만큼 빨리 사라진다 • 209
브랜드 신경회로를 작동시켜라 • 215

에필로그  카테고리 디자인으로 지속적인 성공을 창조하라 • 222
참고문헌 • 227

| 프롤로그

# 새로운 디자인 관점으로 무장하라

어느 시대나 성공을 향한 발걸음을 내딛는 사람들은 바쁘다. 그러나 그 바쁜 발걸음이 성공을 보장할 확률은 아주 적다. 성공이란 언제나 성찰 뒤에 찾아오는 깨달음 같은 것이다. 당신은 성공하기 위해 오늘 무엇을 성찰하고 있는가?

현대사회는 고도의 소비사회다. 인간의 욕망은 복잡하다. 매일 새로운 제품이 쏟아져 소비자들은 어느 것을 선택할지 혼란스럽다. 당신은 성공하기 위해 인간의 욕망과 자신의 욕망을 끊임없이 성찰해야 한다. 복잡한 욕망의 세계에서 소비자(대중)가 원하는 것은 단순하고 시원한 해결책이다.

당신은 대중이 원하는 단순하고 시원한 해결책을 갖고

있는가? 당신이 어느 분야에서 일하든 분명한 해결책을 갖고 있다면 시대를 이끌어갈 수 있는 힘을 가진 것이나 다름없다. 그렇다면 시대와 시장을 동시에 이끌어갈 수 있는 진정한 힘은 어디에서 오는 것일까?

새로운 가치일까? 새로운 제품일까? 새로운 브랜드일까? 새로운 디자인일까? 그러나 이들보다 먼저 선행되어야 할 중요한 전략적 관점이 있다. 소비자의 마음은 욕망의 회로가 뒤엉킨 블랙박스와 같기 때문에 모든 혼란을 뛰어넘어 새로운 수요를 창조해야 한다. 우리는 이것을 성공을 위한 '제5전선(mission impossible)'이라고 부르고 싶다. 불가능한 임무를 가능케 하는 비밀 열쇠가 바로 여기에 있기 때문이다.

오늘날 대중의 마음속은 마케팅 전쟁터다. 대중의 마음속에서는 정치, 문화, 제품, 브랜드 등 모든 것이 막무가내로 소비된다. 성공하려면 그 속에서 자신만의 고유한 영역을 찾아야 한다. 고유한 영역이란 대중을 욕망의 세계에서 깨어나게 하는, 누구도 제시하지 않은 '단순하고 시원한 해결책(simple solution)'이다.

대중의 마음은 곧 대중의 두뇌다. 모든 마케팅 전쟁은 1.5킬로그램 정도 되는 뇌 안에서 이루어진다. 이 1.5킬로그램의 전장을 지배하기란 쉽지 않다. 이 전장을 차지하는 사람만이 성공을 휘어잡을 수 있으며, 세상을 이끌 수 있다. 소비자(대중)는 심플한 것, 시원한 것을 원한다. 시원한 것은 새로운 것이다. 심플하면서도 시원한 것, 우리가 성공을 위한 제5전선이라고 명명한 것은 '새로운 카테고리'를 의미한다.

"새로운 카테고리를 창출하여 유일한 존재(브랜드)가 돼라!"

인류의 역사와 세상을 바꿔온 사람들은 모두 카테고리 디자이너들이다. 위대한 철학자, 영적 스승, 정치가, 기업가, 리더, 예술가, 발명가, 사회 운동가, 스포츠맨, 마케터 들이다. 그들은 소비자(대중)가 하나의 카테고리에서 하나의 브랜드만을 기억한다는 사실을 잘 알고 있었다. 이미 기억된 브랜드를 밀어내고 자신의 브랜드를 각인시키려면 세상을 바꿀 새 카테고리를 창조해야 한다는 진리를 깨우쳤던 것이다.

당신이 지금까지 배워온 시장의 법칙, 제품의 법칙, 브랜드의 법칙은 중요하지 않다. 그 법칙을 실천하려고 하면 할수록 당신의 수많은 노력은 실패로 끝날 확률이 높다. 세상을 바꾸고 싶은 사람들은 카테고리 디자이너가 되어야 한다. 소비자의 기억 속에 하나의 새로운 카테고리를 만들어 기억시키는 유일한 방법, 새로운 수요를 창조하는 가장 강력한 기술을 익혀 기존의 낡은 장벽과 관습에 도전하고 싸워라!

새로운 카테고리는 세상의 변화에 따라 자연스럽게 출현한다. 왜냐하면 인간의 사고 속에 이미 카테고리가 있기 때문이다. 대부분의 사람들은 새로운 카테고리를 찾지 않고 이미 존재하는 카테고리들을 모방해 그의 포로가 된다. 새로운 카테고리를 찾아 개척하는 것은 엄청난 시장잠재력이 담긴 씨앗을 키우는 일이다. 그 씨앗을 소비자의 두뇌에 심어 꽃을 피우는 것이 카테고리 디자이너의 역할이다. 새로운 카테고리는 아직 형성되지 않은, 눈에 드러나지 않은 시장이며 아직 소비자 마음 깊은 곳에 잠자고 있는 시장이다. 그 잠을 깨우기 위해서 우리는 새로운 카테고리의 씨앗을 소비자 마음(두뇌) 속에 심어야 한다.

카테고리 디자인은 시장의 전체구조를 새로운 관점에서 파악하는 일이다. 이는 소비자의 마음을 움직이는 뇌 생리학의 관점에서, 특히 소비자의 행동에서 보이는 부분보다 보이지 않는 본질적인 부분을 이해해야 진정으로 시작된다.

'카테고리 디자인'이란 새로운 전략적 관점이다. 스스로를 무장해 '카테고리 디자이너'로 다시 태어날 때 새로운 수요가 창조된다. 비로소 누구든지 성공의 시작점(start point)에 서게 되는 것이다.

제1전선

# 새로운 수요를 창조하는 기술

# 소비자의
# 무의식을
# 깨워라

## 새로운 수요를 창조하는 비밀

새로운 수요는 새로운 시장을 만들어낸다. 새로운 시장은 새로운 수요층, 즉 새로운 소비자를 필요로 한다. 이러한 시장 형성은 바로 소비자의 마음속에 내재된 욕망을 깨우는 데에서부터 시작된다. 소비자의 잠재욕구를 일깨워 의식의 수면으로 올려야만 비로소 현재화된 욕망이 되고, 그것이 새로운 수요를 만든다. 그리고 그 수요가 시장의 흐름을 만든다. 그래서 새로운 시장은 소비자의 마음속에 존재하는 것이고, 그 마음은 소비자의 인식 및 지각 속에 존재한다고 말할 수 있다.

　마케팅은 제품의 싸움이 아니다. 인식의 싸움이다. 이 말은 새로운 시장을 만들어내는 것은 소비자의 인식(지각, perception)이지 제품도, 브랜드도, 광고도 아니라는 뜻이다. 이러한 소비자 인식은 소비자의 무의식을 뒤흔들 때 드러난다. 소비자의 무의식이 흔들릴 때 숨어 있는 욕구가 조금씩 드러나고, 결국 현재적 욕구로 탈바꿈하면서 깨어난다.

　소비자를 집중시키는 힘이야말로 소비자 의식을 새롭게 일깨우는 행위이자 의식의 저 너머에 브랜드를 각인시키는 작업이다. 마케팅의 핵심이 초점을 좁히는 것이라면, 그 좁힌 초점이 바늘 끝이 되어 소비자 무의식을 찌르면 소비자의 무의식은 깨어난다. 소비자는 무의식적인 행동, 무의식적인 사고 차원에서 움직인다. 그렇기에 새로운 수요를 창조하고, 새로운 시장을 만드는 것은 소비자가 무의식적 구매 행위를 이해하는 것이다. 무의식적 구매 행위를 이해하기 위해서는 먼저 소비자의 의식을 깨우기 위해 궁리해야 한다. 그래야 무의식의 세계로 들어갈 수 있다.

　새로운 카테고리가 나타나지 않으면 소비자의 의식은 잠든 상태에서, 무의식 상태에서 자기도 모르게 움직인다. 그래서 소비자는 익숙한 브랜드, **No.1** 브랜드, 리더 브랜드에 자신도 모르게 끌린다. 이러한 무의식 행동은 인간의 생존본능이다. 인간의 뇌가 적은 에너지를 사용하면서 어떤 대상을 신뢰할수록 인간은 행복해진다.

생존 본능(신뢰)의 뿌리는 수억 년 동안 경험을 쌓아온 인간의 본능이다. 소비자의 무의식을 움직여 새로운 욕망의 형태로 깨어나게 하는 것이 새로운 수요를 창조하는 비밀이며, 그것이 바로 카테고리 디자인이다.

## 카테고리 디자인의 세계

소비자 심리를 움직이려면 당연히 소비자 마음의 본질(心理)을 이해해야 하며, 마음의 본질은 바로 소비자의 무의식 사고 속에 있음을 깨달아야 한다. 2등 브랜드나 후발 브랜드가 자신만의 독창적인 시장을 창출하려고 할 때 No.1 브랜드나 리더 브랜드를 선택하는 소비자 심리의 본질을 제대로 이해하지 못하면, 2등 브랜드나 후발 브랜드가 아무리 마케팅 노력을 해도 시장의 수요는 미미하게 형성된다.

이를 극복하기 위해서는 No.1 브랜드나 리더 브랜드에 대한 소비자의 무의식을 뒤집어야 한다. 즉, 기존에 형성되어 있는 자동화된 소비습관이나 고정관념을 없애지 않는 한 소비자의 마음속에 들어갈 빈 공간이 없다. 이러한 빈 공간, 빈 틈을 마련하기 위해서는 소비자가 제품을 새롭게 의식할 수 있는 계기를 마련해야 한다. 이러한 계기를 마련해주는 것이 바로 카테고리 디자인이다.

카테고리 디자인은 자기 자신만의 브랜드 카테고리를 소비자 의식 속에 형성시키는 전략이다. 사람은 무엇을 생각할 때, 1차적으로 카테고리를 생각하고, 그 이후에 카테고리와 관련된 하부구조를 생각한다. 처음부터 브랜드를 생각하지 않는다.

친구들끼리 만나 술 한잔 하러 가는 상황을 예시로 들어보면 그 특징이 뚜렷이 드러난다. 먼저 누군가 "술 한잔 하러 갈까?"라고 말하는 순간 사람들은 맥주, 소주, 양주, 막걸리 등 술과 관련된 1차적인 시장 카테고리를 떠올린다. 그리고 맥주라는 제품 카테고리를 결정하면 그 이후에 하이트, 카스, 맥스 등의 브랜드를 생각한다.

물론 브랜드를 생각하기 전에 거쳐야 할 또 다른 카테고리들도 있다. 가치에 대한 판단이 우선하는 사람이라면 저칼로리맥주, 흑맥주, 수입맥주 등을 떠올릴 것이다. 물론 이러한 과정은 순식간에 일어난다. 이는 습관적인 사고의 산물이다. 그래서 자신의 브랜드가 그 카테고리에 속해 있지 못하면 구매 고려 브랜드(evoked set brand)에도 끼지 못한다.

소비자들이 먼저 생각하는 카테고리를 점유한 브랜드가

되어야 소비자들이 자연스럽게 브랜드를 의식할 수 있게 된다. 그러고 나서 브랜드를 선택한다. 대부분의 소비자는 제품이 실제로 시장에 나오기 전에는 무엇을 구매해야 할지 모른다. 제품이 나오기 전에 이미 그 제품에 대한 카테고리, 소비자 지각상의 영역을 두뇌, 마음속에 할당해야 한다. 소비자 지각상의 영역을 새롭게 확보하는 전략이 카테고리 디자인이다.

## 새로운 시장의 기회를 만들어내는 방법

카테고리 디자인은 새로운 시장의 기회를 만들어내는 지름길이다. 새로운 수요를 만들기 싫다면 그냥 기존 카테고리에 편승하라. 그러나 편승으로는 성공적인 수요를 창출할 수 없다.

'딤채'라는 브랜드가 김치 냉장고라는 새로운 카테고리를 찾지 않았다면 어떻게 되었을까? '2% 부족할 때'의 미과즙 음료, '비타500'의 비타민 음료 등등 새로운 수요를 일으킬 카테고리가 미리 소비자의 두뇌에 인식되고, 소비자의 의식을 깨우지 않았다면 그 브랜드는 시장에서 성공하지 못했을 것이다. 사람은 어떤 형태로든 세상의 모든 것을 카테고리화하여 기억에 저장한다. 이러한 카테고리화는 인지 비용을 줄여준다. 이렇게 이미 카테고리화된 것이 고정관념, 습관적 행동을 일으킨다. 그래서 소비자의 이러한 고정관념을 없애지 않으면 소비자의 인식 속에서 새로운 수요를 일으킬 수 없다.

인간은 의식을 통해 무의식적인 사건을 이해할 수 있다. 의식은 소비자가 구매의 경험과 계획을 비판적으로 검토하여 새로운 상황에서 재조정할 수 있도록 조직화한다. 소비자의 관점에서 바라보고 행동하는 것은 소비자들의 카테고리 구입 및 사용방법에 대해 이해하고 이를 효과적으로 활용할 수 있는 실마리를 제공해준다.

새로운 수요 창출을 위한 가장 좋은 전략은 기존 카테고리에서 분화된 새로운 카테고리들에 존재하고, 새로운 카테고리는 소비자의 의식을 깨우는 역할을 한다. 그 속에 자신의 브랜드 위치(position)를 심으면, 소비자하고 친밀감을 이루어낸 것과 다름없으므로 시장에서 더욱 힘을 발휘한다.

사람은 기존의 생각을 바꾸려면 스스로 많은 노력을 해야 한다. 웬만하면 기존의 태도를 그대로 유지하는 경향이 강하기 때문이다. 또한 자기가 갖고 있는 지식 안에서 모든 것을 우선적으로 처리하고, 자기 생각대로 판단하고, 자기의 믿음을 신뢰하기를 좋아한다.

그래서 소비자의 의식을 일깨우는 카테고리가 사전에 인식되지 않으면 새로운 브랜드의 수요, 구매는 일어나지 않는다. 새로운 카테고리를 통해 새로운 브랜드 의식을 깨워야 브랜드가 살 수 있는 생태계가 형성된다.

# 차별화를
# 선도하라

## 차별화는 어떻게 이루어지는가?

　차별화는 남과 다르다는 것이다. 사물을 보는 사람이 남과 다르다고 인식하거나 지각했을 때에만 차별화는 일어난다. 나 자신이 다르다고 아무리 생각해도 상대방이 다르게 느끼지 않으면 차별화는 일어나지 않는다. 차별화는 소비자의 마음속에서 일어난다. 더 정확히 말하면 소비자의 지각 속에서 일어난다.
　차별화란 결국 소비자의 인식 속에 '다르다'라는 인식을 심는 것이다. 그 차별화의 선두에 선 개념이 카테고리 디자인이다. 소비자는 의식 속에서 새로운 카테고리가 미리 형성되지 않으면 다르다고 생각하지 않는다. 기존 카테고리에서 아무리 다르다고(더 좋다, 더 싸다, 더 뛰어나다) 정보를 전달해도 소비자는 다르게 받아들이지 않는다.

소비자는 자신이 구매하려는 브랜드들이 엄청나게 다르지 않다는 사실을 알기에 단순한 방법으로 브랜드를 선택한다. 선택의 단순함은 본능이다. 차별화를 위한 차별화는 무의미하다. 소비자들의 본능을 움직일 수 없다. 일방적인 차별화는 No.1 브랜드, 리더 브랜드에게만 좋은 인상을 심어준다. 마케팅 힘의 전이 현상이 일어나기 때문이다. 이러한 경쟁 브랜드(특히 No.1 브랜드, 리더 브랜드)에 유리한 마케팅을 하지 않기 위해서는 사전에 자사 브랜드의 카테고리 디자인을 설계하는 것이 매우 중요하다. 독자적인 카테고리가 이루어져야만 성공적인 수요를 창출할 수 있다.

자사 브랜드의 시장은 시장에 있는 것이 아니라 소비자 마음속에 있다. 소비자 마음의 심층적 이해 속에서 자사만의 시장을 만들 수 있다. 이를 위해서 카테고리를 인식, 인지시키는 것이 최고의 전략이다. 소비자는 절대로 시장 지배력을 가진 브랜드를 잊지 못한다. 무의식 속에 각인되어 있기 때문이다. 그래서 2등 브랜드, 후발 브랜드는 선발 브랜드와 다른, 특히 정반대의 카테고리를 창출해야 한다. 그러면 소비자의 의식 속에 뭔가 다르다는 인상을 심을 수 있다. 이것이 차별화의 본질이다.

## 사람의 인식은 항상 이분법적이다

　사람은 세상을 기본적으로 두 가지로 구분하며 살아간다. 즉, 사람은 둘 이상의 극단적인 개념만 인식할 뿐 그 중간 존재에 대한 인식은 없다는 사실을 알아야 한다. 이것이 사람의 두뇌, 마음의 인식 방법이다. 모든 세상의 사실들은 이분화되어 있다. 그래서 2등 브랜드, 후발 브랜드는 그것을 치고 들어가 그 인식을 깨뜨려야 살아남는다.
　1등 브랜드가 아니라면 새로운 영역에서 1등으로서의 가치를 만들어내야 한다. 마케팅 대가 알 리스(Al Ries)의 말처럼 '2등이 살 길은 무조건 1등과 반대로 하는 것'이다. 이미 각인된 No.1 브랜드나 리더 브랜드에 가깝게 접근하면 접근할수록 블랙홀의 함정에 빠져 헤어나지 못한다. 사람은 정보를 둘로 나눠 저장하는 데 익숙하다. 이것이 카테고리를 기억하는 근본적인 방법이다. 이분법은 카테고리화의 기본이다. 이는 정보를 처리하는 데 가장 설득력이 있는 방법이다.

요즈음에는 비슷한 품질의 제품들이 시장에 너무 많이 나와 있기 때문에, 다른 제품과 무언가 다르고 독특한 것이 아니면 살아남을 수 없다. 소비자를 설득하기 위해서는 경쟁 브랜드와 다른, 의미 있고 독특한 제품이어야 한다. 소비자가 구입하는 것은 브랜드지만, 실제로 구입하는 것은 소비자가 원하거나 필요로 하는 특정 카테고리다.

글로벌 브랜드에 대한 가치 평가 결과를 보면 1등 애플, 2등 구글, 3등 코카콜라 순으로 이어지고, 이 순위는 최근 몇 년간 변화가 없다. 바로 이러한 브랜드(기업)가 그 시장의 카테고리를 처음 개척한 브랜드이기 때문이다.

자사 마케터나 브랜드매니저들은 항상 시장 및 제품 카테고리에 대해 주기적으로 소비자의 사용 및 태도에 관한 조사를 실시해야 하며, 이를 통해 소비자 니즈 중에 매력점(sweet point)이 무엇인지를 정확히 파악해야 한다.

코카콜라의 뉴코크(New coke) 출시를 어떻게 이해할 것인가? 코카콜라는 완벽한 소비자 테스트, 맛 테스트를 통해 기존의 것보다 소비자들이 좋다고 확신을 갖고 뉴코크를 출시했다. 그러나 기존 소비자들의 강한 반발을 샀다. 차별화는 소비자 관점의 다름이지 기업(브랜드) 관점의 다름이 아니다.

카테고리 디자인은 소비자 관점, 소비자 인식의 뿌리 속에서 찾아내는 것이기에 이미 차별화라는 기본적인 속성을 가지고 있다. 소비자에게 의미 있는 차별화는 기본적인 특성을 드러내주는 카테고리다.

소비자들은 카테고리의 기본적 특성을 경쟁업체에서 제공하는 독특한 브랜드 편익보다 더 높게 평가한다. 소비자 지향적인 기업(브랜드)이라면 소비자들이 가장 중요하게 여기는 부분에서 최고를 지향해야 한다. 본질을 추구하는 자세가 필요하다. 성공은 아주 기본적인 부분에서 최고가 되는 것이 잠재 소비자들에게 강하게 소구할 수 있을 때 달성된다. 이것이 일반 카테고리 편익이며, 차별화의 근본이라고 말할 수 있다.

시멘트 분야의 시멕스(Cemax), 전동드릴의 힐티(Hilti), 스팀청소기의 한경희 스팀청소기, 밀폐용기 락앤락 등도 모두 새로운 카테고리를 개척했다.

## 제품(서비스, 브랜드)을 팔 수 있는 강력한 무기

차별화는 눈에 보이는 차별화와 눈에 보이지 않는 차별화로 구분된다. 눈에 보이는 차별화는 디자인을 통해 이루어진다. 삼성 보르도 TV 탄생 배경을 살펴보자. 텔레비전은 화질이 우선이다. 텔레비전에서 화면을 빼고 남는 것은 채널 주변의 프레임밖에 없다. 그런데 보르도 TV는 이 프레임의 디자인에서 눈에 보이는 차별화 요소를 만들어냈다. 텔레비전의 시청타깃 소비자는 중·장년층이고 그들에게 친근한 감성코드는 와인이다. 보르도 TV는 이런 관찰과 소비자 분석을 통해 눈에 보이는 차별화로 성공했다.

눈에 보이지 않는 차별화는 소비자 감정을 움직인다. 패션의 성공의 열쇠는 여성들의 감성에 맞춰야 한다. 여기에서 패스트 패션(fast fashion)이라는 카테고리가 등장한다. 패스트 패션으로 성공한 자라(zara)에서는 수백 명의 트렌드 스포터(trend spotter, 유행을 파악하는 디자이너)들이 시장 현장을 돌면서 소비자들의 니즈 파인딩(needs finding)을 실시하고, 이 결과를 가지고 2주 내에 최신 유행의 옷을 생산한다. 바로 지금 이 순간의 감성에 충실한, 현실적이며 눈에 보이지 않는 감성 차별화에 집중한다.


차별화는 다른 것이다. 다른 것은 강하다. 사람은 다르게 느낄 때 생각을 시작한다. 다르게 생각하지 않으면 기본 정보를 그대로 유지한다. 다르게 생각하게 하는 것이 새로운 카테고리 디자인이다. 카테고리 디자인은 카테고리가 다르다는 것을 기억시키고, 관심을 유발하는 동기를 증가시킨다. 다름은 지금까지의 것과는 전혀 다른 감정, 즉 낯섦(새로움)이다. 이러한 낯섦이 소비자 마음에 침투하기 위해서는 공감대를 형성해야 한다. 기존 카테고리와의 다름에 의해 세상에 대한 새로운 해석이 나온다. 새로운 해석이 새로운 관점을 탄생시키고, 그것이 새로운 카테고리를 만든다. '작게 생각하라(Think small), 폭스바겐!'도 새로운 카테고리를 만든 좋은 예이다.

카테고리 디자인은 차별화를 선도한다. 소비자의 마음 속에서 차별화된 인식을 형성해야 한다. 그것은 다름에 대한 인식이며 리마커블(ramarkable)해야 한다. 소비자 의식 속에서 이루어지는 차별화는 소비자의 마음 한 쪽을 점유한다. 두뇌의 한 공간을 점령한다.

# 가치를
# 디자인하라

### 새로운 제품을 탄생시키는 핵심 콘셉트

우리 모두는 대중에게 새로운 가치를 창출해야 살아남을 수 있는 시대에 살고 있다. 새로운 가치 창조는 새로운 콘셉트를 통해 탄생한다. 소비자의 생활 속에서 새로운 가치가 이루어지고, 새로움을 소비자가 인식해야만 새로운 콘셉트로 탄생한다.

소비자를 관찰함으로써 소비자 무의식에 숨어 있는 욕구를 찾을 수 있다. 현재적 니즈는 5퍼센트 이상 눈에 보이지 않는다. 95퍼센트는 무의식에 숨어 있는 잠재적 니즈, 잠재적 욕구다. 잠재적 욕구는 겉만 보이는 현상을 넘어 무의식 속에 꽁꽁 숨어 있다.

가치 창조는 소비자의 생활 시스템 속에서 무엇인가를 의미 있게 제공해야만 발생한다. 소비자의 생활 행동에 대한 관찰을 통해, 생활자로써의 심리 내용을 먼저 파악해야 한다. 소비자 생활 심리 분석에 의해 가치가 있는 상품은 소비자와의 관계가 깊이 있게 형성되도록 돕는다. 소비자 마음속에 가치를 창조하기 위해서 그들의 생활 시스템 속에 밀접하고 확연한 관계를 만들어야 한다.

생활 시스템 속에 밀접하고 확연한 관계란 새로운 니즈의 발견을 통해 가치를 창조하는 것이다. 조금씩 소비자의 행동을 관찰하면 기존 소비자 마음속에 깊숙이 잠재된 니즈의 연결고리를 찾아낼 수 있다.

히트 상품은 물질로서의 제품(브랜드, 서비스)이 갖고 있는 기본 가치에 인간의 지혜나 정보를 집약한 것이다. 또한 소비자들의 요구를 반영한 이미지가 부가가치를 창출하여 소비자들에게 널리 수용되어 폭발적으로 판매신장을 가져온 것이다. 롱셀러 상품은 장기적으로 소비자의 생활 시스템 속에 정착하여 성장이 지속되거나 유지되는 제품, 또는 히트상품이 생활 속에 뿌리내려 계속 생존하고 있는 제품이다.

이러한 제품이 되기 위해서는 소비자에게 밀접한 니즈가 반영되어야 하며, 그 니즈가 새로운 제품을 탄생시키는 핵심 콘셉트가 되어야 한다. 시간이 흐를수록 변화하고, 그 변화가 새로움을 낳고, 그 변화의 중심축에서 소비자가 원하는 새로운 카테고리를 디자인할 수 있어야 새로운 소비자 가치가 창출된다. 소비자 생활의 질을 높일 수 있는 새로운 카테고리 디자인이야말로 새로운 가치를 창조하며 소비자들의 삶을 행복하게 만든다.

## 소비자 욕구 변화와 트렌드

새로운 가치 창조는 시장에 대한 이해와 인간에 대한 이해 없이는 불가능하다. 시장의 파워가 소비자들에게 넘어가고 있는 현시점에서 제품에 소비자의 생각과 마음을 움직이는 가치가 없다면 그 제품은 소비자 의식 속에 머무르지 못한다. 소비 심리가 위축되어가고 있는 현실에 비춰볼 때 소비에 대한 욕구를 발생시키기는 매우 어렵다. 그러나 카테고리 디자인은 변화의 중심축에서 소비자 욕구를 현재화시켜 새로운 가치를 만들어내기 때문에 새로운 수요를 창출할 수밖에 없다.

서커스를 뮤지컬로 승화시킨 '서크 드 솔레이(cirque du soleil, 태양의 서커스)'는 새로운 가치를 창조한 카테고리다. 소니의 워크맨에 이은 애플의 아이팟도 새로운 가치를 창조했다. 가치 창조는 비용을 줄이는 것보다 소비자 기대에 적합한 편익을 늘리는 데 초점을 맞춰야만 창출된다.

소비자의 욕구는 시간에 따라 신속하게, 혹은 서서히 변화하는데 이것이 소비자 트렌드다. 소비자 트렌드는 바로 소비자 가치관의 변화다. 저출산으로 이루어진 시장의 고급화와 건강에 대한 관심을 반영한 웰빙 시대의 도래는 최근의 트렌드다. 광동 옥수수 수염차의 성공은 트렌드의 변화에 근거한다. 옥수수 수염차는 이뇨작용을 하고 결석을 수분으로 배출하여 부기해소 효과가 있으므로 얼굴을 V라인으로 만든다는 한방음료 카테고리다. 환경보호, 환경문제로 인한 에코 디자인, 하이 브리드카, 웰빙 화장품의 더 바디샵, 더 페이스샵 등이 에코 제품 카테고리를 탄생시켰다.

크게 뛰어나지 않은 브랜드(기업)는 자신의 분야에서 나름의 방식과 행동으로 특별한 무언가를 가지고 가치를 창출한다. 그러나 새로운 카테고리는 과거의 성공에서 벗어나 새로운 가치 창조를 행하는 것이다. 더 나아가 기존 카테고리의 성공방식을 주기적으로 내던짐으로써 끊임없이 변화하여 새로운 가치를 창조한다.
    새로운 카테고리 디자인으로 가치 창조를 이루기 위해서는 소비자에 정통해야 하고 소비자에게 가까이 다가서야 하며, 소비자와 감성적 관계를 형성해야 한다. 소비자를 소중히 여겨야 한다. 새로운 가치를 창조함으로써 소비자에게 사랑을 받고, 이를 통해 카테고리를 창출함으로써 어떤 경쟁도 허용하지 않는 브랜드를 만드는 것이 카테고리 디자인이다.

## 카테고리 디자인의 핵심

    모든 소비자에 감동을 주는 가치 창조가 카테고리 디자인의 핵심이다. 소비자가 원하는 것은 새로운 가치 창조다. 삶의 질을 높이고 행복을 주는 가치 창조야말로 소비자가 꿈꾸는 것이며, 그 꿈을 이루는 절실한 방법이 새로운 카테고리 디자인이다.
    새로운 카테고리를 창출하기 위해서는 전혀 다른 관점에서 자신의 사업(시장)을 바라볼 수 있어야 한다. 가치 창조는 끝없는 위기의식을 통해 혁신한다. 계속적인 변화와 혁신 속에서 새로운 카테고리는 창조된다. 가치 창조란 기존 카테고리에서 남들이 발견하지 못하는 무언가를 찾아내는 능력이다. 소비자의 인식을 바꿔놓을 수 있는 카테고리는 새로운 가치를 창조하고 소비자의 판단 기준을 바꿔놓고, 평범함을 뛰어넘게 만든다.

시장의 글로벌화와 디지털화에 따른 가치관의 변화는 새로운 시장을 만들고 있다. 글로벌 시장에서 한류 열풍 및 한식 등 또한 새로운 가치를 창조하고 있다. 코리아 제품 카테고리를 낳을 수 있는 글로벌 시장의 기회가 열리고 있다. 새로운 카테고리에 의한 가치 창조는 미래시장을 낳는 지름길이다.

지금은 꿈의 가치가 필요한 시대다. 마음 시장(mind market)도 새로운 카테고리를 낳는 시장이 되고 있다. 새로운 카테고리 디자인은 여러 사람과 함께 꾸는 꿈이기에 실현된다. 사회공헌 카테고리는 착한 기업, 착한 브랜드를 낳고 있다. 사회공헌도 또 하나의 새로운 카테고리 시장이다.

# 본질은 내추럴(natural)이다!

## 카테고리 디자인의 본질

　브랜드의 성공은 항상 소비자 인식, 지각, 생각, 즉 두뇌 속에 존재한다. 소비자의 마음속에 자사 브랜드를 정확하게 인식시키지 않는 이상 소비자를 움직일 방법이 없다. 소비자의 지각 속에 존재하고 있는 니즈와 욕구를 분리시켜 자사 브랜드와 공감할 수 있는 부분을 찾은 후 자사 브랜드 쪽으로 끌어당겨야 한다.
　기존 브랜드는 이미 소비자 마음속에 존재하고 있다. 만약 자사가 새로운 브랜드를 만들 경우에는 새로운 카테고리를 만들어내야 한다. '만들어낸다'라는 표현보다 소비자의 마음을 쪼개고, 그 마음을 다시 쪼개어 그 마음 한 부분을 자사 브랜드로 끌어당겨야 한다는 표현이 더 정확하다. 그것이 소비자 마음의 틈을 비집고 들어가는 방법이다. 이 '마음의 틈(mind niche)'은 실제로 무한하다. 카테고리를 디자인하는 것은 그래서 어려운 일이 아니다. 다만 마음의 틈이 새로운 카테고리가 되어 우리의 브랜드와 어떻게 일치하고 공감하느냐에 집중해야 한다.

제품의 가치 리듬과 소비자 마음의 리듬을 공명하게 하여 조화롭게 연결시키는 것이 카테고리 디자인의 본질이며 성공적인 카테고리 디자인을 위한 비전(秘傳)이다. 소비자와 공감대를 얻는 새로운 시장은 새로운 카테고리가 만든다. 먼저 카테고리 디자이너가 제품의 마음을 사람의 마음처럼 이해하고, 소비자의 마음으로 연결시켜 공감대를 이루게 해야 한다. 자연스럽게 분화된 소비자 마음의 틈새를 비집고 들어가 힘을 비축한 것이 카테고리 디자인이다. 그 힘의 초점은 그 브랜드만의 고유한 영역(unique category)을 어떻게 만들어내느냐에 달려 있다. 이것이 카테고리 디자인의 발화점이다. 발화점이 없으면 크게 번지지 못한다. 그래서 카테고리 디자이너의 시선은 소비자 마음의 발화점이 어디인지를 발견해야 하고, 그 발화점에서 자사 브랜드만의 영역을 찾아내야 한다.

## 카테고리 디자인의 진수

새로운 카테고리는 새로움(newness)을 뜻한다. 새로움은 기존의 것과는 다르게 보인다. 이는 자연스러운 마음의 분화 속에서 진화된 것이다. 자연법칙과 유관하다. 세상이 자연법칙에 따라 움직이듯 카테고리 디자인도 자연법칙에 따라 움직인다. 자연스러운 분화가 새로운 카테고리를 낳고, 새로운 카테고리는 소비자의 마음에 쉽게 침투한다. 게다가 잠재적 욕구, 무의식적 욕구에서 발견된 새로운 카테고리는 소비자의 마음속 방어벽을 무너뜨린다. 이 마음 분화에서 브랜드 스타일을 독특하게 구상해야만 카테고리 디자인은 완성된다. 그렇게 되면 이 카테고리 디자인은 소비자를 끌어당기는 매력적인 힘으로 작용하여 소비자는 그 힘을 절대 거부할 수 없다.

이것은 소비자들이 진정으로 바라는 소비자의 원기(元氣)가 있기에 가능하다. 소비자 원기는 인간의 마음에 원초적으로 담겨 있는 기(氣)의 현상이다. 이 원기가 만들어져야 시장 지배력이 생겨난다. 소비자 마음의 지배는 제품가치가 그 근본이 되지만 그것이 소비자 마음속에서 자연스레 생성되어야 한다.

자기만의 카테고리를 형성하는 것이 카테고리 디자인의

진수다. 카테고리 디자인은 제품과 소비자 간의 관계를 강하게 하고, 공감이 되기에 나아가 소비자들에게 신뢰성, 충성심을 발생시킨다.

자연은 언제나 변화한다. 변화의 틈 속에는 진화와 분화가 동시에 이루어진다. 분화는 계속 가지를 치고 분리된다. 그 끝에서 꽃이 피어난다. 꽃은 이데아의 세계다. 이상적인 세계를 향한 자연의 흐름은 사람의 흐름과 동일하다. 뿌리(理)가 가지(氣)와 서로 상통(相通)하듯, 제품과 소비자는 카테고리에서 만난다. 새로운 카테고리는 새로운 이상을 향한 인간의 마음이다. 의식 속에 의미 있는 차별화를 찾는 '노웨어(know-where)'가 카테고리 디자인이다.

히트 상품은 분화 속에서 탄생하고, 롱셀러 상품은 그 분화가 계속해서 진화됨으로써 가능하다. 분화와 진화는 자연법칙이다. 새로운 카테고리 시장을 개척하고, 그 시장에서 계속 살아남을 수 있는 카테고리 디자인은 자연의 법칙과 동일하다.

그래서 카테고리 디자인의 본질은 내추럴(natural)이다.

제2전선

# 새로운 카테고리는 어디에 있는가?

# 중심시장의
# 가장자리에
# 있다

시장의 가장자리를 주목하라!

　성공을 꿈꾸는 사람들은 새로운 시장을 발견하기 위해 불철주야 노력한다. 새로운 시장의 발견은 기존 시장의 중심부에 있는 것이 아니라 그 시장의 변두리에서 시작된다. 그렇기에 현재 중심시장(core market)의 변화를 끊임없이 관찰하는 것이 중요하다. 그 중심시장에서 일어나는 사소한 변화에 대한 직시가 필요하다. 중심을 흔드는 것은 중심에 있는 것이 아니라 가장자리(변방)에 있다.
　중심에 위치한 나무보다는 전체 시장의 숲을 보면 예전

하고 다른 숲의 모습이 눈에 들어오고, 그 예전과의 다른 느낌, 다른 감각에서 새로운 카테고리가 시작된다. 그것이 바로 시장 통찰력이고, 이는 시장의 표면 아래 숨어 있는 소비자의 진실을 살펴보는 것이다. 즉, 시장 통찰력은 시장을 재해석함으로써 기존의 시장에서 새로운 시장을 만들어내는 능력이다. 이를 위해서 끊임없이 시장 현장에서 소비자들과 대화해야 한다.

카테고리 디자인이란 소비자가 원하는 가치를 발견하는 활동이고 소비자의 관점에서 보는 것이기에, 카테고리 디자이너는 한 나무의 성장보다는 큰 숲의 형태 변화 속에서 징후를 찾아내야 한다. 이러한 징후는 큰 숲의 가장자리에서 일어난다. 가장자리는 시장 변화의 긍정적인 방향 속에서 사소하게 변화가 일어나는 곳이다. 시장 가장자리에 새로운 카테고리를 낳을 수 있는 가능성이 숨어 있다. 지금, 현재 시장에서 성공하는 제품(브랜드) 속에 새로운 카테고리의 씨앗이 움트고 있다. 시장을 움직이는 새로운 카테고리 아이디어는 시장에 대한 지식, 경험에서 오는 지혜가 밑바탕에 깔려 있어야만 발견할 수 있다.

공짜시장(free market)도 새로운 카테고리다. 일본의 오서나이즈는 타다카피(tadacopy)라는 복사매장을 운영하면서 대학생들에게 무료로 복사해준다. 이 공짜 시장 성장의 원인은 복사지 뒷면에 대기업이나 대학교의 사업자광고를 넣어 광고 지면으로 활용한 것이다. 학생들에게 무료로 복사를 해주었더니 과거의 전단지보다 오래 간직하게 되고 이로 인해 광고의 효과 또한 증가되었다. 우리나라에서는 SK텔레콤이 서울 시내 14개 대학가 인근 복사가게에서 복사지 마케팅을 펼치기도 했다. 무료 복사시장이라는 새로운 시장 카테고리를 만든 것이다.

　20세기의 발명품인 워크맨과 21세기의 발명품인 아이팟은 모두 새로운 음악시장을 개척했다. 비타500의 마시는 비타민도 비타민 중심시장에서 개척한 새로운 카테고리다. 이처럼 현재 중심시장의 환경요인을 분석하면 시장기회가 보인다. 새로운 카테고리를 발견하기 위해서는 시장에 대한 통찰력과 상상력이 밑받침되어야 한다.

　멀티플렉스 영화관으로 시장변화의 물꼬를 뜬 CGV, 인스턴트 밥 시장을 개척한 CJ의 햇반, 책을 인터넷으로 판매하는 예스24, 커피 레스토랑 시장의 스타벅스, 자전거 여행객을 위한 자전거 하이킹 전용숙소인 제주하이킹인 등 기존의 중심시장에서 파생되어 나오는 새로운 카테고리는 항상 가장자리, 주변부에 존재한다. 마케팅 학자들은 이를 틈새시장(Niche market)이라고도 부른다.

## 새로운 카테고리 탄생의 비밀

틈새는 빈 공간을 의미하는 것이 아니다. 낙숫물이 바위를 쪼개듯, 사소함으로 언젠가는 전체의 중심을 깨트리는 것이다. 중심시장의 가장자리에서 새로운 카테고리가 나타나면 소비자들은 이것이 무엇이며, 이를 어떻게 활용할 건지 배워야 한다. 소비자들은 기존의 습관을 버려야 하고, 구매 및 사용 패턴도 바꿔야 한다.

변화를 주도해가는 변두리(가장자리)에 기반을 둔 새로운 카테고리의 제품들은 완전히 새로운 가치사슬을 갖게 된다. 새로운 카테고리가 기존 카테고리를 대체하기 시작하면 소비자는 기존 카테고리의 편익(필요, 욕구)을 파괴하고 새로운 카테고리 편익을 취하게 된다.

변화를 주도하는 가장자리에서 발생한 새로운 카테고리는 기존 카테고리를 밀어내고 새로운 수요를 창출한다. 그것은 소비자의 삶에 큰 기회를 가져온다. 물론 새로운 카테고리가 기존 카테고리보다 좋은 게 아니라면 이를 좋아할 소비자는 없다. 여기에다가 위험한 행동을 요구한다면 소비자는 반가워하지 않는다. 새로운 카테고리는 낯설기에 소비자는 망설이게 되지만, 그 낯섦과 새로움에 구매동기를 부여한다면 기꺼이 구입하게 될 것이다.

새로운 카테고리가 소비자의 니즈나 수요를 즉각적으로 유발하지 못한다는 사실은 그리 놀라운 일은 아니다. 중심시장의 가장자리에 떠오르는 새로운 카테고리는 소비자로부터 비롯된 것이 아니다. 카테고리 디자이너는 새로운 카테고리가 소비자 수요에 기반을 두지 않고 어떻게 성공할 수 있느냐며 의심스러워할 것이다. 3M의 포스트잇(post-it)을 보라. 그것은 처음부터 소비자 니즈에 의해 만들어진 것이 아니다. 워크맨이나 인터넷을 통한 음악파일 다운로드 방식 또한 시장에 나온 후에야 소비자의 니즈와 결합한 것이다.

중심시장의 가장자리에서 나타나는 새로운 카테고리는 시장에 나온 후에야 소비자들에게 인식되고 사랑받기 시작한다. 이는 파괴적인 혁신 카테고리다. 새로운 시장 카테고리는 여기에서 출발한다. 존재하지 않는 새로운 카테고리는 중심시장의 가장자리에서 일어나기에 처음에는 아무도 의식하지 않지만 시간이 흐르면서 소비자 니즈가 나타나기 시작한다. 그렇기에 중심시장은 주로 메이커(기업, 브랜드)에 의해 나오지만 포스트잇, 비아그라, 아스파탐(아미노산계 인공감미료) 등 새로운 카테고리는 가장자리에서 나와 소비자 수요의 힘을 얻게 됨으로써 카테고리로 정착된다. 새로운 카테고리가 탄생해서 주류 카테고리로 정착되기 전까지 소비자는 자신들이 진정으로 원하는 것이 무엇인지, 새로운 기술이 무엇인지,

경제적으로 의미 있고 생산적인 제품이 무엇인지 대부분 모르는 경우가 많다.

## 새로운 카테고리가
## 기존 카테고리를 대체하는 방법

　새로운 카테고리는 기존 카테고리를 대체한다. 자동차는 마차를 대체했고, **PC**는 타자기를 대체했다. 새로운 카테고리가 처음 시장에 나올 때는 틈새시장으로 보이기도 한다. 그러나 실제로는 우리가 일상적으로 생각하는 틈새시장과 다르다. 타깃 소비자도 모른다. 여기에 시장의 분열이 일어나고 새로운 기술이 더해지면 혁신자(innovator)들로부터 수요가 일어나 점차 확대된다. 무엇보다 새로운 카테고리는 소비자의 마음속에 자리 잡은 합리화 과정을 거쳐야 한다. 새로운 사용자가 많아지면, 많은 사람들이 새로운 사용자 무리에 들어온다. 이런 과정이 반복되면서 새로운 카테고리는 점차 영역을 넓힌다.
　새로운 카테고리는 기존의 카테고리 틈새에서 나오지만 결국에는 기존 카테고리를 대체한다. 중심시장의 가장자리에서 발생한 수많은 카테고리는 스스로 잠재력을 알아차리지 못하고 머물거나 사라지고 만다. 변화의 트렌드에 적합한 소수의 카테고리만이 기존 카테고리를 뛰어넘어서 새로운 카테고리로 정착된다. 이렇게 성장한 새로운 카테고리는 그들의 성장에 기반이 된 중심시장, 기존 카테고리를 완벽하게 대체한다는 사실을 기존 카테고리의 중심부에 현존하는 브랜드(기업)는 간과하기 쉽다.

새로운 카테고리가 등장하면 카테고리가 진화하는 과정에서 소비자 또한 학습과정을 거친다. 소비자들은 새로운 카테고리를 접하면 그 쓰임새가 무엇인지를 이해하고, 이를 어떻게 하면 더 잘 이용할 수 있는지를 알아간다. 이러한 소비자 학습과정을 거쳐 제품은 다양한 방식으로 조합되고 소비자의 평가를 받는다.

# 기존 카테고리의
# 분화에서
# 시작된다

## 카테고리는 하나의 제품에서 시작한다

 2000년 이후 처음으로 청량음료의 판매가 정체될 뿐 아니라 줄어들고 있다. 반면 생수, 스포츠 음료, 에너지 드링크에 대한 소비자들의 수요가 늘어나 청량음료의 매출을 잠식하고 있다. 심지어 우유도 청량음료보다 판매성적이 좋다. 음료 시장의 세포 분열 때문이다.
 시간이 지날수록 하나의 제품 카테고리는 분할되어 두 개 또는 그 이상의 영역(category)으로 계속 나누어진다. 세균 배양 접시 안에서 세포 분열을 하는 아메바처럼 마케팅 경기장은 계속 분열·확장된다.

하나의 카테고리는 하나의 제품에서 시작한다. 컴퓨터만 해도 시간이 흐르면서 하나이던 영역이 갈라져 메인프레임, 미니컴퓨터, 워크스테이션, 퍼스널컴퓨터, 노트북컴퓨터, 펜 컴퓨터 등으로 세분화를 이루었다. 텔레비전 산업에서는 한때 **MBC**, **KBS**, **SBS**가 시청자의 **90**퍼센트를 점유하고 있었다. 그러던 것이 이제는 네트워크, 독립방송, 유선방송, 유료 방송, 공중파로 세분화되었고, 인터넷 텔레비전(IPTV)도 등장했다. 맥주도 처음에는 수입 맥주와 국내산 맥주로 나뉘더니, 지금은 프리미엄 맥주와 대중 맥주, 라이트 맥주, 생맥주, 심지어 비알콜 맥주로까지 분화됐다.

카테고리 내의 각 부문은 독립적이고 고유한 객체다. 모든 부분이 그 나름의 존재 이유를 가지고 있다. 각 부문은 개별적인 리더를 갖고 있는데, 그 리더가 원래의 카테고리 리더와 같을 수는 없다. 그러나 분화의 개념을 파악하지 못하고, 카테고리는 통합되어간다는 안일한 믿음을 갖고 있는 카테고리 디자이너들이 너무나 많다.

컨버전스, 시너지 그리고 기업 제휴 같은 단어들이 기업 회의실의 유행어가 되어버린 실정이다. 기업은 기술혁신이라는 명목하에 움직이지만 시장현장, 소비자는 절대로 그렇게 움직이지 않는다. 소비자는 카테고리의 통합이나 기술혁신보다 카테고리의 분화와 함께 움직인다.

카테고리는 통합되지 않고 분화된다. 면대면(face to face) 설득이 더 자주 개입되는 이른바 금융 서비스도 살펴보자. 언론 보도에 따르면, 미래에 우리 곁에서 은행, 보험회사, 주식중개인, 대부업자가 사라지고 대신 이 모든 것이 결합된 금융 서비스 회사가 존재하게 될 것이라고 한다. 그러나 그런 일은 일어나지 않을 것이다. 오히려 금융 서비스는 각각의 카테고리로 분화될 것이고, 그렇지 않은 금융회사(브랜드)의 힘은 약화될 것이다. 왜냐하면 새로운 카테고리의 전문화된 금융서비스를 제공하는 브랜드가 기존의 통합 브랜드를 공격할 것이기 때문이다.

## 선도제품의 힘은 강력하다!

선도제품을 모방하여 출시하는 후발제품은 선도제품을 오히려 도와주는 경우가 많다. 예를 들어 보령제약의 겔포스가 1회용 액체 위장약 시장을 가장 먼저 선점하여 "위장병 잡혔어" 등의 카피와 함께 대대적인 프로모션 전략을 세워 시장 진입에 성공하자 그 이후 탈시드, 노엘, 암포젤엠 등이 잇따라 등장하면서 치열한 경쟁을 벌였다. 그러나 이들 후발

제품들의 광고는 오히려 다른 알약 위장약이나 드링크제의 수요를 액체위장약 시장으로 전이시켜 1위 제품인 겔포스의 매출을 늘려주는 역할을 했다.

제일제당의 비즈니스 음료 컨디션이 처음 시장에 도입되어 숙취해소 음료 시장을 형성하고, 매출이 증가하자 많은 식품업체들이 잇달아 이 시장에 진출했으나 선도제품인 컨디션의 1위 자리는 여전히 지속되고 있다.

옥시의 물먹는 하마는 습기제거제 시장의 선도제품이다. 이 시장에도 '물먹는 물보', '물먹는 코끼리', '물먹는 들개', '물먹는 고래', '물먹는 공룡' 등 선발 브랜드를 모방한 많은 제품들이 출시되었지만 '물먹는 하마'를 쉽게 꺾지 못하고 있다. 이만큼 새로운 카테고리 시장을 개발한 선도제품의 힘은 막강하다. 모든 브랜딩은 누가 먼저 소비자의 머릿속에 인식되느냐에 따라서 승패가 판가름 난다. 그래서 선도의 의미는 중요하다.

그러면 후발제품이 선발제품을 이길 수 있는 방법은 없는가? 물론 엄청난 마케팅 자원을 투입하는 방법도 있겠지만 이것 역시 한계가 있고, 단기적인 효과만 가져다줄 뿐이다. 진정으로 이길 수 있는 방법은 선발과의 차별화 전략이나 선발제품의 약점 혹은 불만을 해소시켜주는 제품으로 새로운 카테고리에 도전하는 것이다.

1991년 '수퍼타이' '스파크'는 세탁세제 시장에서 90퍼센트 이상의 점유율을 가지고 있었다. 이때 제일제당이 기존의 제품들과 차별화된 콤팩트형 '비트' 제품을 출시했다. 만약 제일제당이 기존의 제품들과 유사한 일반 세제로 시장 진입을 시도했다면 과연 성공할 수 있었을까?

결론적으로 새로운 카테고리의 시장을 개척하고, 그 시장 내에서 No.1이 되기 위해서는 선도가 중요하다. 후발 제품이 선도주자를 이기기 위해서는 새로운 콘셉트로 새로운 카테고리 전략을 세워야 한다. 물론 후발주자가 중소업체이거나 자원 여력이 없을 때는 선발제품을 따라 하는 모방(Me too) 전략으로 일정 점유율을 확보하는 방법을 선택할 수도 있다. 보통 모방 전략은 새로운 카테고리를 개발한 선도 브랜드 이름과 비슷한 이름을 사용한다. 마시는 요구르트 '불가리스' 와 '불가리아', 메론 맛 아이스크림 '메로나' 와 '메론바', 비타민 음료 광동제약의 '비타500'과 동화약품의 '비타천' 등이 대표적이다.

선도 브랜드는 모방 전략의 표적이 되는 것을 오히려 즐긴다. 왜냐하면 모방 브랜드의 등장이 시장을 빠르게 성장시키고, 그 속에서 No.1 브랜드로 유지한다면 손해 볼 것이 없기 때문이다. 사실 모방 제품이 많을수록 소비자가 새로운 카테고리를 더 선호하게 된다. 그러나 소비자의 뇌에 선도 브랜드가 이미 자리를 잡고 있기 때문에 후발 브랜드가 선도 브랜드를 이길 방도는 별로 없다. 모방 전략으로는 선도제품을 이길 수 없고, 기존 카테고리를 소비자 관점에서 분화시켜 새로운 카테고리를 무조건 찾아내야 한다.

하지만 카테고리 디자이너들이 분화의 기회를 무시했다고 나무랄 수만은 없다. 분화의 작용을 눈으로 확인하는 것은 매우 어렵다. 나무줄기에서 새로운 가지가 뻗어 나오는 것을 직접 본 사람은 거의 없다. 가지의 분화를 직접 눈으로 확인하려면 장기간 저속촬영을 해야 한다. 마찬가지로 새로운 카테고리의 분화를 살펴보기 위해서는 꾸준히 그 시장을 관찰하고 디테일하게 볼 수 있는 카테고리 디자이너의 본능적 감각이 요구된다.

## 새로운 카테고리와
## 새로운 수요를 연결하는 방법

대부분 새로운 카테고리는 기존의 카테고리와 공존한다. 새로운 카테고리의 부분이 기존 카테고리 전체보다 더 가지가 많이 분화될 수 있다. 그러나 분화는 기존 카테고리에서 이분화되는 경향이 짙다. 이분화는 두 번 이상 반복되지 않는다. 카테고리가 분화한다는 것을 깨닫는 것은 새로운 브랜드를 개발할 기회를 찾는 카테고리 디자이너들에게 사물을 바라보는 새로운 시각을 준다.

새로운 카테고리를 발견하는 것은 성공에 대한 기대감에서 시작된다. 그러나 새로운 카테고리는 '0의 수요(zero demand)'에서 시작되어 예기치 않는 방식으로 번창하거나, 실패해서 죽는 경우가 대부분이다. 그러나 기존 카테고리에서 소비자의 욕구를 올바르게 파악해 새로운 카테고리를 찾으면 실패는 예측 가능하기에 얼마든지 피해 갈 수 있다.

시장 환경에 맞지 않는 방법으로 시장을 세분화한다면 실체 없는 타깃을 새로운 카테고리 목표로 삼는 것이므로 실패할 수 있다. 무엇보다 소비자들의 세분화된 구매결정 요인이 서로 잘 맞아떨어지는 경우에 어떤 카테고리가 소비자와 연결될 수 있는지 정확히 알 수 있다.

과거와 차별화된 시장 분할은 소비자들이 특정 행동을 위해 새로운 카테고리에 돈을 내고 이용한다는 개념에 기반을 두고 소비자들의 생활방식을 그대로 반영해야 한다. 소비자들이 원하는 행동에 따라 분할된 카테고리가 다른 중요한 마케팅의 문제들, 즉 브랜딩이나 포지셔닝을 해결해주고 새로운 카테고리의 성장을 촉진시킨다. 이것이 새로운 카테고리와 새로운 수요를 연결하는 방법이다.

시장에서 우선 새로운 카테고리에 대한 발판을 마련한 후 지속적인 성장 궤도를 이룬다면 시장의 지배적 카테고리로 발전하게 된 것이다. 유능한 카테고리 디자이너는 소비자들이 제품을 구입하고 이용하는 환경을 이해하고 이에 맞춰 예측 가능한 마케팅을 시작한다. 소비자들이 규칙적으로 일정한 행동을 한다면, 소비자들은 생활 속에서 자신이 해야 하는 행동을 인식하고 '돈을 내고 이용'할 수 있는 새로운 카테고리를 찾게 된다. 이처럼 카테고리의 분화는 소비자의 행동과 경험에 따라 해야지, 소비자의 속성이나 시장에 따른 분화를 따라서는 절대 안 된다. 시장에 따른 분할과 소비자들의 속성(attribute)에 따른 분할을 중심으로 카테고리를 분화할 경우에는 실패만이 기다릴 뿐이다.

소비자 행동의 기능적, 정서적, 사회적 특징이 새로운 카테고리를 구입할 환경을 구성한다. 소비자들이 원하는 행동은 소비자들이 속해 있는 환경을 기반으로 한다. 타깃 소비자들이 진정으로 원하는 행동을 검토해야 새로운 카테고리의 성장이 가능하다.

그래서 기존 카테고리에서 분화된 새로운 카테고리는 성장의 교두보를 확보하는 것이 중요하다. 그 교두보는 기존 카테고리를 대체할 정도의 혁신이다. 소비자들의 행동에 기반을 둔 기존 시장 분할, 분화는 새로운 카테고리의 수요층을 재빨리 만드는 최고의 방법이다.

# 소비자 욕구의
# 사소한 차이에
# 주목하라!

시장선도자의 법칙을 적용하라!

디지털사회의 도래에 따른 소비자 다양화, 유연화, 분산화, 개별화로 인해 과거에는 없었던 새로운 시장이 생겨나고 있다. 카테고리 시장은 시장의 크기가 중요하지 않다. 그 시장이 존재하느냐가 더 중요하다. 새로운 시장 발견은 브랜드(제품)의 생사와 관계가 있다. 틈새시장은 소비자 욕구의 변화 속에 존재한다. 특정 소비자의 공통된 관심과 욕구가 계속해서 새로운 시장을 낳고 있다. 케이블 방송은 다양한 니즈를 발빠르게 반영한다. 불교채널, 낚시채널, 바둑채널, 게임채널, 스포츠채널, 영화채널, 뉴스채널 등은 소비자 욕구를 중심으로 분화된 새로운 카테고리다.

그렇다면 그렇게 잘게 분화된 소비자 욕구에 대해 흥미를 가지는 소비자가 과연 진짜로 존재하는가에 대한 의문이 생길 수 있다. 대부분의 경우 흥미를 가진 소비자가 존재하고 시장수요 역시 발생한다. 왜냐하면 소비자 욕구는 시간이 갈수록 더욱 깊이 분화되기 때문이다.

사우스웨스트 항공(southwest airlines)은 항공여행에서 작지만 분명히 존재하는 욕구를 가진 사람들을 새로운 소비자로 정의하여 성공했다. 일반적으로 사람들은 장거리 여행을 제외하고 단거리 구간을 여행하는 데 비싼 항공요금을 지불하는 것을 아까워한다. 따라서 사우스웨스트 항공은 음료나 기내식 제공, 지정좌석제 등의 서비스를 제공하지 않는 대신 저렴한 항공요금을 책정하여 경제적 편익에 대한 욕구를 가진 사람들을 표적 소비자로 흡수했다. 또한 아일랜드의 저가 항공사인 라이언에어(Ryan air)는 단거리 구간에 대해 기내 입석티켓 판매를 추진하고, 기내 화장실을 유료화하려는 계획까지 발표했다. 불가능할 것 같은 계획이지만 항공요금이 줄어든다면 이런 서비스를 이용할 승객은 얼마든지 있다는 판단을 내렸기에 가능한 생각이다.

경쟁사와 차별화되는 아이템으로 가능성 있는 소비자층에게 다가가는 것도 중요하지만 적절한 시기에 얼마나 빨리 다가가느냐는 더더욱 중요하다. 시장의 파이가 크지 않기 때문에 적기에 빨리 시작해야 시장의 위치를 쉽게 굳힐 수 있는 시장선도자의 법칙이 적용된다. 카테고리 마케팅을 하려는 회사는 트렌드의 변화를 예의 주시하고 있어야 한다. 비즈니스에서 성공의 절반 이상은 트렌드를 잘 포착할 때만 가능하다.

우리나라의 경우 저출산이 사회문화적 트렌드로 자리매김하자 오히려 영유아와 관련한 시장규모가 커지는 현상이 나타났다. 한 자녀를 키우는 가정이 늘다 보니 이왕이면 고급스럽고 예쁘고 안전한 것들을 선호하게 되면서 고급 유아복, 명품 유모차, 키즈 카페 등 어린이 케어 관련 산업이 급성장하는 패턴을 보여주었다.

트렌드가 새로운 시장 카테고리를 만들어내고 우연한 기회가 새로운 시장을 탄생시키기도 하지만 대부분의 경우 새로운 카테고리는 이미 시장의 일부로 존재한다. 물론 그 카테고리가 어느 정도 수익성과 성장성이 보장되면 시간의 흐름에 따라 기존 시장의 한 축으로 자리매김하게 된다. 그렇지 않을 경우 한순간 반짝하다가 역사의 뒤안길로 사라질 뿐이다. 우리 주변에서 소리 소문 없이 사라져버린 제품이 얼마나 많은지 한번 생각해보라.

## 카테고리 디자이너의 안목을 키우는 방법

현재의 어려운 마케팅 환경에서는 새로운 시장의 발견과 카테고리의 발굴이 절실한 과제다. 문제는 카테고리 디자이너가 새로운 카테고리의 가능성을 찾을 수 있는 안목을 어떻게 키우는가에 있다. 카테고리 디자이너에게는 성실성과 꾸준한 관찰이 필요하다. 예를 들면 경제지보다는 일간지를 읽고, 정치면보다는 사회문화면을 먼저 보는 버릇을 들이고, 메모를 습관화한다. 현재 일어나고 있는 각종 중요한 사건 사고들을 시장 기회로 연결하는 상상력도 필요하다.

여성들 사이에서 다이어트 열풍이 불면서 다이어트 음료라는 새로운 카테고리가 만들어졌다. CJ 뉴트라의 팻다운은 기능성 음료 시장에서 새롭게 변화한 소비자 욕구를 발견하고 새로운 시장을 형성한 것이다.

새로운 카테고리는 소비자 욕구의 사소함에서 찾아야 한다. 차이가 나는 것은 아주 작은 부분이다. 작은 차이에 대한 민감함이 소비자 욕구를 더욱 크게 깨운다. 사진을 찍는 즉시 인화되는 폴라로이드 카메라, 허리둘레 24인치 미만 여성들만 입을 수 있는 게스 청바지, 검은색 양말만 판매하는 블랙삭스닷컴, 음식물 건조처리기 루펜, 디지털피아노 야마하, 자동카메라 니콘, 1000원 균일가 생활용품 전문점 다이소, 입는 양말 싹스탑, "침대는 가구가 아니다. 침대는 과학이다" 에이스, 패션노트북 센스Q30, 포장김치 종가집김치, 온라인 교육 메가스터디 등은 소비자 욕구의 변화 속에서 탄생한 새로운 카테고리다.

새로운 카테고리는 작은 연못처럼 수풀 속에 감춰져 있다. 숨어 있는 것을 발견하기 위해서는 지형지물을 살펴보는 관찰력과 예리한 감각이 필요하다. 또한 소비자 욕구에 대한 다양한 정보와 아이디어들이 머릿속에 먼저 입력되어 있어야 한다.

언덕 너머 수풀에 가려진 으슥한 곳에 새로운 카테고리라는 작은 황금연못이 있다. 거기에는 이전에 미처 보지 못했던 온갖 종류의 물고기들이 넘쳐난다. 그 물고기를 잡아야 하지 않겠는가. 연못이 작을수록 고기 잡기가 쉽다. 마찬가지로 소비자의 욕구를 잘게 쪼개어 보다 깊게 들어가면 드러나지 않은 새로운 소비자 욕구를 더 쉽게 발견할 수 있다.

# 소비자
# 마음속 본질에
# 답이 있다

## 소비자 프레임에 있다

　소비자 마음을 알아내기란 쉬운 일이 아니다. 직접적으로 소비자의 구매 행동을 관찰한다 하더라도 쉽지 않다. 그러나 궁극적으로 소비자의 마음을 꼭 알아야 한다. 소비자들의 본질적인 욕구를 이해하기 위해서는 카테고리 디자이너가 직접 소비자 경험을 해봐야 그들의 마음을 진정으로 이해할 수 있다.
　마음은 의식이 아니라 무의식에 존재한다. 그래서 새로운 카테고리도 소비자의 무의식에 있다. 그 마음은 바로 뇌의 작용에 의해서 드러난다. 소비자의 머릿속에 한번 박힌 것을 여간해서 변화시키기 어렵다는 말은 진리다. 무의식 사고를 형성하는 소비자의 두뇌 속에 소비자 마음이 존재하고, 카테고리 디자이너가 이 소비자 마음을 원하는 대로 바꿀 수는 없기 때문이다.

소비자들이 느낀 것, 소비자 자신이 믿고 있거나 믿고 싶어 하는 것이 바로 마음이다. 이 마음은 최초에 사고 프레임(thinking frame)이 어떻게 형성되느냐에 따라 결정된다. 사고 프레임은 세상을 바라보는 마음의 창과 같다. 창이 네모면 세상이 네모나게 보이고, 창이 동그라미면 세상이 동그랗게 보인다. '컵에 물이 반이나 남았네'와 '컵에 물이 반밖에 없네'는 바로 프레임의 차이고, 생각의 차이고, 바라보는 마음의 차이다.

새로운 카테고리는 소비자의 마음, 프레임에 있다. 프레임에 대한 마케팅 사례는 코카콜라와 펩시의 콜라 전쟁 과정에서 볼 수 있다. 펩시는 콜라에 대한 경쟁력의 약화가 콜라병의 디자인에 있다고 생각했다. 펩시는 코카콜라의 병 모양보다 더 세련되게 디자인하면 이길 수 있다고 생각해, 병 모양을 새롭게 디자인해서 출시했지만 코카콜라의 아성을 무너뜨리지 못했다. 그래서 문제의 본질을 다시 정의하기 위해 소비자 조사를 실시한 결과, 소비자들은 콜라병의 크기에 상관없이 일단 집으로 사가면 버리지 않고 다 마신다는 것을 알게 되었다. 펩시는 콜라에 대한 소비자 생각의 프레임을 디자인에서 크기로 정의해 코카콜라보다 병 크기를 크게 만들었다. 또한 집으로 들고 가기 편한 다양한 상품을 내놓아 콜라 전쟁에서 이길 수 있는 계기를 마련했다.

이처럼 소비자 인식을 형성하는 사고 프레임은 매우 중요하다. 이를 위해서 소비자에게 고정된 마음의 창(프레임)을 다시 달아주어야 한다. 마음의 창을 변화시킴으로써 새로운 사고가 형성되고, 그 속에서 소비자 인식을 바꿀 수 있는 새로운 카테고리가 싹튼다.

이제까지는 카테고리 디자이너의 세계에서도 상식이나 습관화된 생각, 고정관념이 통하는 활동이 대부분이었다. 그러나 오늘날에는 이런 활동만으로 새로운 시장을 창조할 수 없다. 소비자는 자신의 누적된 소비 경험 때문에 일상적이고 보편화된 마케팅 활동에는 더 이상 반응하지 않는다.

종가집김치와 햇반의 주요 소비자는 누구일까? 고정관념을 가지고 보면 대부분의 사람들이 일하는 20~30대의 싱글 여성일 것이라고 생각한다. 그러나 실제로 주요 소비자는 40~50대의 아줌마였다. 그들의 마음속에 삶의 여유를 위한 시간 절약 욕구라는 시장이 존재했던 것이다.

상식이나 고정관념을 바꾼다는 것은 쉬운 일이 아니기에 미리 체념하기 십상이다. 그러나 보다 근본적으로 사고의 프레임을 바꾸지 않으면 소비자 마음을 이해할 수 없다. 한번 각인된 소비자 기억은 그 마음을 새롭게 흔들지 않는 이상 바뀌지 않는다. 기억은 소비자 마음의 창에서 형성되고, 그 마음에 각인된 것이 바로 장기 기억이다.
　소비자 마음속에 장기 기억된 브랜드를 제거하는 유일한 방법이 새로운 카테고리를 찾아내는 것이다. 무의식에 감춰진 소비자 마음을 알아볼 수 있는 사고의 프레임을 가지고 새로운 카테고리를 찾을 때 소비자의 장기 기억을 흔들 수 있다.

## 소비자의 마음 여는 일을 포기하면?

　소비자의 마음은 결코 쉽게 열리지 않는다. 그러나 여기에 바로 해답이 있다. 역으로 소비자 마음을 여는 일을 포기하면 새로운 카테고리는 결코 탄생할 수 없다. 새로운 카테고리를 만들기 위해서는 먼저 소비자의 장기 기억 속에 저장된 기존 브랜드에 대한 인상을 제거해야 한다. 소비자의 습관화된 행동은 각인된 기억 속에 단단히 자리 잡고 있다. 그

것이 바로 무의식 사고의 발로다. 무의식 사고를 의식적인 사고를 통해 환기시킴으로 소비자는 새로운 마음을 갖게 된다. 이를 위해서는 존재감(마음의 본질)에 대해 끊임없이 고민해야 한다.

우선 마음의 본질에 대한 이해가 필요하다. 마음의 본질은 서로 통한다. 이 사실이 중요하다. 무의식 사고의 저편에서 상호작용하는 사람들의 마음을 이해하기 위해 카테고리 디자이너들은 자신의 마음속으로 여행을 하며 마음의 본질과 만나야 한다. 대부분의 사람들은 생각하기를 귀찮아한다. 카테고리 디자이너는 지속적인 자극과 의식의 환기를 통해 자꾸 자신을 돌아보고 생각하게 만들어야 소비자와 새로운 관계를 획득할 수 있다.

리복(Reebok)은 '태양의 서커스'와 손잡고 새로운 콘셉트의 피트니스 프로그램 주카리 핏투 플라이(JUKARI Fit to Fly)를 선보였다. 이는 플라이셋이라는 장비를 이용하여 일정 동작을 음악에 맞춰 하는 운동이다. 천장에 매달린 로프와 바를 이용, 공중 그네를 타는 동작을 하며 평소에는 잘 사용하지 않는 근육까지 사용함으로써 자연스럽게 전신운동 효과를 내도록 고안된 것이다.

주카리 핏투 플라이는 태양의 서커스에 나오는 동작과 피트니스에 관한 리복의 전문성이 결합된 재미있는 프로그램이다. 주카리 펏투 플라이는 유년시절 누구나 품었던 꿈을 담고 있다. 바로 날고 싶다는 욕망이다. 그래서 리복은 이제는 낡아버렸지만 여전히 어른들의 마음속에 숨어 있는 날고자 하는 꿈을 운동에 결부시켜 새로운 피트니스 프로그램 카테고리를 만들었다. 소비자의 기억창고는 바로 소비자 마음속이고, 카테고리 디자이너는 여기에 침투하여 새로운 것을 끄집어내야 한다.

## 새로운 이미지 카테고리의 탄생

　소비자의 마음에서 새로운 카테고리를 만들어낸 대표적인 회사가 애플(apple)이다. 마우스를 회로로 처음 개발한 회사는 제록스지만 이를 통해 새로운 수요를 창조한 회사는 애플이다. MP3 플레이어인 아이팟(ipod)도 후발주자로 시장에 참여했지만 디자인을 개선하고 온라인 음악 서비스 아이튠즈(itunes)를 접목해서 성공했다. 아이폰(iphone)도 스마트폰 시장에서 5년 정도 늦었지만 시장의 최고점에 섰다. 애플은 소비자의 마음, 소비자의 감성을 기막히게 자극한다. 그 이유는 애플이 예술 카테고리(Art Category), 즉 새로운 이미지 카테고리를 찾아냈기 때문이다.

TV 시장에서 IPTV도 소비자의 마음속에서 새로운 카테고리를 만든다면 성공이 가능하다. IPTV는 소비자가 마음대로 골라볼 수 있는 자유로운 TV시청 시장이다. 사람의 마음을 움직일 수 있는 새로운 시장을 찾기 위해서는 소비자의 마음을 움직이는 이미지 카테고리 시장을 겨냥해야 한다. 레블론(Revlon)은 희망을 팔고, 코닥(Kodak)은 추억을 팔고, 말보로(Malboro)는 남자다움을 팔고, 할리데이비슨은 HOG(Harley Owner Group, 할리데이비슨 운전자 동호회) 문화를 판다. 소비자의 마음 깊숙이 존재하는 느낌, 감정, 감성 차원에서 새로운 이미지 카테고리는 탄생한다.

실제로 소비자는 브랜드들이 명확하게 정의되는 방식으로 카테고리를 구별하지 않는다. 소비자들은 우리가 정의한 카테고리를 자유롭게 가로질러 상대적인 용도와 가치를 기준으로 호불호를 구분한다. 소비자 마음속에 존재하는 카테고리는 카테고리의 물리적인 구분보다 더욱 의미 있고 유용하다.

소비자들은 항상 브랜드와는 다르게 카테고리를 구분한다. 어떤 경우든지 강력한 브랜드들은 카테고리의 전통적인 용도를 뛰어넘는 감성을 가지고 있다. 이 감성을 모를 경우, 카테고리 디자이너들은 카테고리의 관점에서만 생각함으로써 브랜드의 잠재력에 제한을 가하는 실수를 범하기도 한다.

카테고리의 경계가 모호하다고 해서 인위적으로 카테고리를 정하지 말고, 소비자가 어떤 관점에서 어떻게 카테고리를 보느냐에 초점을 맞추면 새로운 카테고리를 더 쉽게 발견할 수 있다. 소비자의 좋은 경험과 만족은 이전의 카테고리를 넘어설 수 있는 기회를 제공한다. 카테고리 디자이너는 소비자 관점에 의한 카테고리는 존재하지만 브랜드 관점의 카테고리는 존재하지 않음을 기억해야 한다.

카테고리 디자이너가 일상적으로 업무에서 사용하는 용어와 개념은 과거의 유산으로부터 물려받은 것으로 새로운 카테고리 세계에서는 적합성이 떨어지는 근본적인 결함을 갖고 있다. 그렇기에 카테고리의 분화는 카테고리 디자이너가 아니라 소비자가 그 실행의 주체다.

카테고리를 무시하면 카테고리 디자인 자체가 성립되지 않는다. 카테고리 디자인은 소비자와의 밀접한 관계 속에서 움직이는 역동성을 지니고 있다. 소비자의 마음, 즉 구매행위를 유발하는 마음을 알지 못하면 곤란하다.

그러므로 모든 카테고리 디자이너들에게는 소비자들의 소비행위에 대한 심층적인 이해가 절대적으로 필요하다. 모든 인간의 행위는 뇌의 작용과 관련이 있다. 그래서 보다 '원인'에 집중하여 뇌의 작용을 탐구해야 한다. 모든 결과는 '원인'에 의해서 좌우된다. 카테고리 디자인의 원인은 소비자 마음, 즉 뇌에 있음을 카테고리 디자이너는 절대 무시하지 말아야 한다.

제3전선

# 카테고리 디자인 전략이란 무엇인가?

# 카테고리 디자인의
# 전략적 사고란
# 무엇인가?

## 사소함이 전체를 흔든다

　　카테고리 디자인 전략은 소비자의 기억 속에 브랜드를 자연스럽게 각인시키는 것으로, 소비자의 두뇌 한 부분을 점유하는 전략이다. 시장의 교두보를 획득한다는 것은 소비자 마음속의 교두보를 확보한다는 의미다. 새로운 카테고리 전략은 이 교두보를 확보하기에 가장 적합한 방법이고, 그 교두보에 브랜드를 상륙시키는 전략이다. 새로운 카테고리를 개척하는 것은 시장 변화의 틈 속에서 소비자의 잠재욕구를 심층적으로 이해하는 것에서 출발한다. 소비자의 잠재욕구를 심층적으로 이해한다는 것은 소비자의 욕구를 구체적으로 아주 사소한 경험과 행동까지 이해한다는 것이다.

사소함이 전체를 흔든다. 새로운 카테고리의 발견은 소비자 마음을 예리한 바늘 끝으로 찌르는 것과 같다. 그 짜릿한 느낌이 새로운 수요를 달아오르게 하고 발화점이 된다. 소비자의 지각 속에서 의미 있는 첫인상을 남길 수 있는 선도자의 법칙은 카테고리를 형성하는 지름길이다. 최초의 기억으로 소비자의 뇌리 속에 깊이 스미게 하는 전략이 가장 자연스런 방법이다.

카테고리 디자인 전략은 단순하다. 새로운 제품을 선보일 때 먼저 생각해야 할 사항은 새로운 제품이 경쟁사의 제품보다 어느 면에서 더 나은가가 아니라 어떤 점에서 최초인가를 정의하는 것이다. 즉, '이 제품을 최초라고 소개할 수 있는 카테고리가 무엇인가?'라는 질문을 던지는 것이다.

카테고리 디자이너는 먼저 브랜드 지향적인 마케팅 사고의 틀에서 벗어나야 한다. 어떻게 하면 사람들이 우리 브랜드를 더 좋아하도록 만들까 하는 생각은 깨끗이 잊어버려라. 우리 브랜드가 어떤 카테고리에 속할 것인가를 먼저 생각하라.

브랜드에 관한 얘기가 나오면 잠재 소비자들은 몸을 움

츠린다. 너나 할 것 없이 모두들 자기 브랜드가 더 좋은 이유에 대해 떠들어대고 있기 때문이다. 그러나 카테고리에 관한 이야기가 나오면 잠재 소비자들은 스스럼없이 마음의 문을 열어놓는다. 모두들 어떤 점에서 새로운지에 관심을 보인다.

    소비자들은 카테고리에 대한 지각이 형성된 후에 브랜드를 인지한다. 카테고리가 형성되어 있지 않는 한 소비자는 브랜드를 올바르게 인지할 수 없다.

    새로운 카테고리에 맨 처음 들어섰다면, 그 카테고리를 널리 알려야 한다. 그 카테고리에 맨 처음 들어간다는 것이 바로 새로움이다. 그것은 최초의 소비자 지각과 동일한 힘을 가지고 있다. 소비자는 새로움에 대해 주의를 집중한다. 과거의 카테고리를 소비자의 기억 속에 지워버릴 수 있는 찬스는 브랜드가 만드는 것이 아니라 새로운 카테고리가 만든다.

## 카테고리 편익의 최대화

    소비 행동을 연구해보면 소비자들은 브랜드보다 제품 카테고리를 더 중요시한다는 사실을 알 수 있다. 카테고리 디자이너들은 소비자를 붙잡기 위해서 카테고리에 대한 사고를 명확히 해야 한다. 하나의 카테고리는 소비자들에게 몇 몇 핵심적인 특징을 공유하며 유사한 편익들을 광범위하게 제공하는 일련의 경쟁으로 비칠 수 있다.

카테고리 디자이너가 카테고리 범위를 명확하게 인식한다면 소비자들이 추구하는 카테고리의 실제적 편익이 무엇인지를 알 수 있다. 이 범위가 소비자가 고려하는 브랜드 집합(consideration brand set)의 상한선을 결정한다. 기본적인 카테고리 편익은 효과나 생산성을 높인다. 카테고리의 기본적 욕구는 세분화나 차별화로 기존 카테고리를 분화시키는 역할을 한다.

새로운 카테고리를 성공적으로 확보하기란 쉬운 일이 아니다. 여기에는 소비자의 인지 및 행동에 대한 직관이 필요하고, 카테고리의 현재 및 잠재적 편익을 바탕으로 시장 기회를 감지하고 포착할 수 있는 능력도 있어야 한다. 그리고 무엇보다 카테고리 디자이너의 실행력이 뛰어나야 한다.

성공의 지속 여부는 카테고리 편익을 제공하는 브랜드(기업)와 카테고리 디자이너의 능력에 달려 있다. 소비자의 습관적인 구매 행동은 이미 확고하게 자리 잡은 리더 브랜드, 1위 브랜드를 선호하는 것으로 나타난다. 1위 브랜드는 이를 지속시키기 위해서 카테고리 편익 제공이나 신뢰도에서 후발주자들보다 더 우위에 서 있다는 인식을 계속해서 심어줘야 한다.

새로이 선보이는 브랜드 대부분이 실패하는 이유는 소비자들의 습관적인 행동을 바꾸는 데에 시간과 비용이 너무 많이 들기 때문이다. 소비자들이 기존에 사용하던 브랜드를 다른 브랜드로 교체하는 데에는 전환비용(switching cost)이 드는 경우가 많다. 아무리 생각 없이 습관적으로 구매한다 할지라도 소비자들이 느끼는 카테고리의 중요성이 줄어드는 것은 아니다. 소비자가 실제로 구매하는 것은 브랜드지만 소비자가 원하거나 필요로 하는 것은 카테고리 편익이다.

새로운 카테고리의 디자인은 브랜드의 독특한 편익 개발보다는 일반적인 카테고리 편익을 개선하는 방향으로 진행되어야 한다. 소비자가 특정 브랜드를 구입하는 이유는 독특한 특성이나 편익을 제공했기 때문이 아니다. 그보다 전반적인 카테고리 편익을 잘 결합시켰다는 인식이 중요하다.

소비자들의 주된 관심사는 대부분 구매에 들어가는 시간과 노력을 최소화하여 생활을 단순화하는 것이다. 지금의 소비자는 브랜드 간의 차이를 느끼지 못한다. 그렇다면 왜 특정 브랜드가 훨씬 많이 팔리는 걸까? 가격, 구매 용이성 등 다른 모든 조건이 동일한 경우에 소비자들은 카테고리 편익을 최대화하는 브랜드를 선택한다.

브랜드 간의 차별화는 점차 사라지고 있다. 소비자들의 실질적인 욕구해결, 기본적인 특성이 중요한데도 이를 미처 발견하지 못하거나 소비자의 기대에 제대로 부응하지 못하고 있는 것이다. 카테고리 편익 욕구를 경쟁사보다 좀 더 빨리 찾아내 재빠르게 대응해야 한다. 일반적으로 지속가능한 경쟁우위는 시장에 2, 3번째 진출한 브랜드들이 확보하는 경우가 많다. 이 브랜드들은 새로운 카테고리 창출 및 조정에 필요한 비전과 용기, 자본을 확고히 갖추고 카테고리 편익을 제대로 전달했기 때문에 성공할 수 있었다.

## 새로움이 시대를 연다

시대가 새로움을 만드는 것이 아니라 새로움이 시대를 연다. 새로움은 소비자의 무의식에 잠자고 있는 것을 깨웠기에 새로운 것이다. 소비자의 잠재적 욕구를 현재화시키는 것이 바로 새로운 카테고리를 찾아내는 것이다. 시장 현장에서 소비자를 관찰하여 생활 시스템 변화의 징후를 알아차리는 직관을 길러야 한다. 세상 변화의 흐름 속에서 변화의 느낌을 마케팅 감각으로 전달받아야 한다. 그것은 순간에서 일어나는 직관의 번뜩임이다.

블루오션도 이 이상의 개념은 아니다. 이것은 마치 화산이 폭발할 때 그 핵에 있는 마그마가 살아 움직이게 하는 힘과 같다. 모든 것을 모를 때는 어마어마하게 어려운 것인 줄 알다가도, 알아내는 순간 '뭐야, 이렇게 쉬운 거야' 하고 맥이 탁 풀어진다. 하지만 평범하고 간단한 것일수록 알기 어려운 법이다. 블루오션 전략도 그렇고, 카테고리 디자인 전략도 같은 양상을 띠고 있다. 하지만 카테고리 디자인 전략은 블루오션 전략보다 더 구체적이고 강력한 힘을 가지고 있다.

딤채를 보라. 누가 그 당시에 김치 냉장고를 단독으로 구매하려고 생각했겠는가? 그러나 막상 뚜껑을 열어보니 걷잡을 수 없는 새로움이 소비자를 사로잡았다. 소비자의 잠재된 욕구가 분출했던 것이다. 소비자의 욕구를 실현해줄 상품이 등장하자 김치 냉장고라는 새로운 카테고리가 탄생했다. 카테고리 디자이너는 시장변화나 경쟁의 한계를 넘어서, 소비자의 마음속에 있는 잠재된 욕구를 그냥 자신이 깨달은 대로 받아들여 드러내면 된다. 소비자의 현재적인 욕구를 심층적으로 이해하고 그들의 소비 행동을 관찰할 때 그것은 드러난다.

소비자의 의식 속에 일단 최초의 브랜드라는 인식이 자리 잡으면 오랫동안 없어지지 않기 때문에 새로운 카테고리에서의 선도자 위치를 계속 유지할 수 있다. 이처럼 새로운 카테고리에서 최초의 브랜드라는 인식을 얻게 되면 다음 두 가지 장점이 함께 수반된다.

첫째, 일등 브랜드는 더 좋다는 인식

누구나 최고의 제품이 시장에서 승리한다고 생각한다. 의식 속에 심어진 최초의 브랜드는 자동적으로 선도자가 되기 때문에 최초의 브랜드는 카테고리의 평가기준이 된다. 소비자들은 모든 경쟁 브랜드를 비교하는 기준점으로 최초의 브랜드를 인식하기 때문에 계속 선도자 자리를 유지할 수 있게 된다.

둘째, 최초의 브랜드가 진짜라는 인식

사람들은 최초의 브랜드가 아닌 다른 브랜드는 모두 '처음 인식한 진짜'의 모방이라고 생각한다. 진짜라는 개념은 코카콜라에게만 해당되고 펩시콜라 같은 모방 제품에는 해당되지 않는다고 생각한다. 만일 언젠가 펩시콜라가 코카콜라보다 더 많이 팔리는 날이 온다고 해도 펩시콜라가 진짜라고 생각하지는 않을 것이다. 우리나라에서 '원조'가 누구냐고 지속적으로 싸우는 이유도 바로 이 '진짜'라는 인식 때문이다.

## 브랜드와 소비자의 감정적 끈

브랜드란 소비자 의식 속에 있는 것이지 실체적인 것이

아니다. 새로운 카테고리에서 첫 주자가 되었다는 것은 실체적으로 제일 먼저 시장에 진입했다는 걸 의미하는 것이지, 의식 속에서도 최초의 주자가 되었다는 걸 뜻하지는 않는다. 그래서 소비자의 의식에 첫 번째로 각인된 브랜드는 소비자와 강력한 감정적 끈으로 연결되어 있다. 반면 소비자와 감정적 끈으로 연결되지 않은 채 그냥 처음으로 시장에 나온 브랜드는 다른 브랜드와 별 차이가 없다. 무조건 새로운 제품을 내놓는다고 해서 시장에서 승리하는 것은 아니다.

소비자 의식에 각인된 브랜드가 선도자의 자리를 다른 브랜드에게 내주었다 하더라도 그 브랜드와 소비자의 감정적 끈이 완전히 끊긴 것은 아니다. 무의식 속에 잠자고 있다가 계기가 일어나면 다시 되살아나는 불사조의 힘을 발휘할 때도 있다.

애플은 아직도 PC 사용자들과 감정적 끈을 유지하고 있다. 이 현상은 델, 컴팩, 휴렛팩커드 등의 다른 브랜드에서는 찾아볼 수가 없다. 왜 그럴까? 애플은 소비자 의식에 각인된 최초의 PC였기 때문이다. 삼양라면이 다시 등장했을 때 재활성화될 수 있었던 이유도 소비자 의식에 삼양이 최초의 라면 브랜드로 각인되어 있었기 때문이다. (물론 이 사례는 삼양라면이 처음 등장했을 때의 핵심 소비자층에게만 한정될 뿐이다.)

카테고리 디자인 전략의 핵심은 소비자 의식 속에 우리

브랜드를 각인시키는 것이다. 새로운 카테고리의 브랜드는 강력한 인상을 심어줄 수 있다. 그것은 브랜드를 무의식적 사고의 차원으로 이동시켜 자연스럽게 구매 행동이 일어나도록 하는 전략이다.

화장지의 크리넥스, 셀로판테이프의 스카치테이프, 사진 필름의 코닥, 에너지 드링크의 레드불, 소주의 진로(현재는 참이슬로 브랜드 이름 변경) 등을 예로 들 수 있다. 새로운 카테고리를 디자인하여 소비자의 의식을 선점한 브랜드가 되어라! 이것이 브랜드가 오랫동안 살아남는 생존법칙이다.

# 처음이 될 수 있는
# 카테고리를
# 창조하라

　　새로운 카테고리를 창조하고 그 카테고리에서 자사의 브랜드를 확실히 각인시키는 것, 이것이 브랜드 디자인의 성공 비결이다. 자사 브랜드가 처음이 될 수 있는 새로운 카테고리를 창조하라. 이것은 영원히 변하지 않는 성공 마케팅 주문이다.
　　슈퍼마켓, 약국, 백화점, 할인매장에는 이와 같은 강력한 카테고리 디자인 전략으로 개발된 갖가지 브랜드로 가득 차 있다. 인터넷에서도 마찬가지다. 우리가 인식하는 소비자, 시장, 제품, 브랜드 같은 카테고리들은 현실에 실제로 존재하는 것들보다 우리의 머릿속(의식)에 존재하는 모델들과 더 밀접한 관계가 있다.

마케팅 전략에서의 큰 변화는 카테고리 자체의 변화를 통해서만 이루어진다. 카테고리 자체의 변화가 바로 새로운 카테고리의 발견이자 창조다. 비즈니스 게임을 바꾸는 큰 법칙은 바로 소비자의 마음속에 잠자고 있는 욕구를 깨우는 새로운 카테고리를 창조하는 데에 있다. 새로운 카테고리는 소비자의 태도와 행동을 변화시켜 새로운 수요를 창조한다.

새로운 카테고리를 디자인할 수 있는 전략에 대해 살펴보면 크게 4가지로 분류할 수 있다.

## A. 시장 카테고리 디자인 전략

### 시장을 더욱더 쪼개야 한다

소비자는 예전보다 더욱더 까다로워졌고 뛰어난 통찰력까지 지녔다. 게다가 소비자들이 선택할 수 있는 폭은 그 어느 때보다 넓어졌다. 기업이 무엇을 팔 것인가를 결정하던 시대는 이미 옛날이야기다. 이제 소비자가 무엇을 살 것인가를 결정하고 선택하는 시대다. 오늘날 마케팅이 직면한 최대의 문제는 소비자가 모든 것을 결정한다는 것이다. 그렇기에 소비자에게 사랑받는 것이 그 어느 때보다 절실해졌다. 사랑을 받지 못하는 제품은 사라질 수밖에 없다.

기업은 시장 세분화를 통해 시장을 재편함으로써 소비자에게 제공하는 제품 속성들을 변화시킬 수 있다. 그 변화 속에서 현존하는 시장을 더욱더 쪼개야 한다. 기존 시장을 해체하여 아직 만들어지지 않은 세부 시장을 발견할 수도 있고, 현재의 제품으로 만족하지 않는 소비자의 니즈와 욕구도 새롭게 발견할 수 있다.

미국 시장에서 스타벅스가 재빨리 선점한 고급커피 시장은 소득 증가, 음주운전 기피현상이라는 라이프스타일의 변화와 유럽풍의 분위기 있는 카페를 선호하는 사람이 많아지면서 새롭게 창출된 카테고리다. 스타벅스의 창업자인 하워드 슐츠는 시애틀의 작은 커피회사에서 일할 때, 이탈리아 등 유럽지역으로 출장을 다니면서 그곳의 카페 분위기를 주의 깊게 살폈다. 스타벅스는 카페에 머무르면서 오랫동안 이야기하는 이탈리아의 전통문화를 미국으로 옮겨와 정착시키는 데 성공했다. 이는 술 대신 커피 마시기를 좋아하고, 카페에서 친구와의 수다를 좋아하는 등 라이프스타일의 변화가 있었기에 가능했다.

선진국 화장실 문화인 비데가 생활필수품으로 자리 잡

왔던 2002년, 당시 웅진코웨이는 '룰루'로 비데 시장을 개척했다. '닦지 말고 씻자'라는 슬로건으로 화장실을 친숙하고 밝은 이미지로 바꾸었다. 그 다음 '밖에서도 씻자'라는 슬로건으로 학교, 사무실 등 공공장소로까지 시장을 넓혀갔다. 사무실을 가정처럼 편안한 공간으로 바꾸는 홈퍼니 경영 트렌드가 형성되면서 사무실의 비데 설치율이 늘었다. 여기서 그치지 않고 룰루는 체험 마케팅을 통해 학교, 종합병원, 산후조리원은 물론 심지어 군부대까지 비데 바람을 일으켰다. 비데 시장 카테고리가 새롭게 탄생한 것이다.

온라인 게임인 리니지가 나오기 전의 게임 시장은 게임기용 게임(콘솔 게임)과 오락실용 게임(아케이드 게임)이 주를 이루고 있었다. 리니지는 기존 게임 시장에서 온라인 게임이라는 새로운 시장 카테고리를 찾아냈다. 콘솔 게임은 혼자서 하지만 리니지는 사용자들의 상호작용으로 이루어지는 게임이다. 또한 현실세계와 가상세계를 넘나드는 현장감 있는 게임으로 미래세계를 다룬 영화 〈매트릭스〉가 리니지 열풍을 부채질했다. 현존하는 게임 시장 속에서 인터넷 기반으로 한 게임 시장을 통해 새로운 시장 카테고리를 개척했다.

이제 딤채는 김치 냉장고의 대표 브랜드가 되었다. 아파트 거주 문화와 가정주부의 가사노동 탈피 욕구가 커지고, 가정에서의 주부 의사결정권이 향상되는 등 사회문화적인 환경 변화를 포착한 딤채는 소비자의 잠재욕구를 만족시켰다. 소비자들은 맛있는 김치를 먹기 위해 딤채를 구입한다. 1990년대 중반부터 교체수요가 늘어나는 냉장고 시장에서 딤채는 냉장고 진화 방향을 바꿈으로써 새로운 시장 카테고리를 열었다. 라이프스타일의 변화에 따른 수요를 재빨리 읽어낸 것이다.

굳건하게 자리 잡고 있는 현존하는 시장을 해체하고 호의적인 세분시장을 창출하기 위해서는 우리 브랜드가 속한 현재 시장에서 새로운 시장을 어떻게 분리할 것인지를 고민하면서 우리가 점유하고 있는 시장 자체도 변화에 맞춰 쪼개야 한다. 여기에는 두 가지 접근방법이 있다.

첫째, 환영받지 못한 시장 카테고리를 찾아낸다.
소비가치의 주요 연결점에 있는 현재 제품들 중에서 아직 환영받지 못하고 있는 새로운 시장 카테고리를 발견했다면, 이를 통해 새로운 수요를 창출할 수 있다. 유아들의 한글 교육용 프로그램인 '신기한 한글나라'는 맞벌이 부부 증가와 학부모들의 식을 줄 모르는 교육열에 맞춰 아이들 스스로 한글을 배울 수 있는 체계적인 학습방법을 소개했다. 1991년 출시할 때만 해도 유아교육에 대한 소비자 인식이 낮아 유아교육 시장이 부재한 시점이었다. '신기한 한글나라'는 한글은

저절로 깨치는 것이 아니라 학습을 통해 더 빨리 깨칠 수 있다는 인식 전환을 통해 유아 학습의 새로운 카테고리를 창출했다.

둘째, 구매행동에 따른 새로운 시장 카테고리로 쪼갠다.
다양한 소비자들이 기존 시장 카테고리에서 어떻게 구매행동을 하는지 관찰하고, 소비자의 마음을 관통하는 공통적인 구매행동에 주의를 기울면서 현재의 카테고리에서 새로운 카테고리를 찾아낸다.

아토피 전문 브랜드인 '닥터아토'는 생활환경의 서구화와 환경오염으로 나이를 불문하고 아토피를 앓는 사람이 많아지는 현상을 파악하여 새로운 시장을 발견했다. 닥터아토는 아토피 피부를 위한 전용 스킨케어 제품으로는 첫 번째 상품이었다. 그 전에는 의약품 처방을 받거나 수입 화장품에 의존해야 했다. 2000년 출시 이후 소비자들에게 '피부 평화 구현'이라는 감성 가치뿐만 아니라 기능적 가치(해양 심층수, 천연 동백오일, 보리 추출물, 목초액과 마슬토 추출물을 배합한 독특한 원료)까지 제공하고 있다. 아토피로 고생하는 소비자의 마음을 관통하는 새로운 카테고리를 창출한 것이다.

1970년대 미국 정부가 커미션 규제 완화 조치를 실시함으로써, 증권업계가 주식거래를 하는 고객들에게 부과하는 커미션 법을 개정했다. 그때 찰스 슈왑은 지금까지 없던 새로운 금융 서비스를 제공하는 회사를 설립한다. 찰스 슈왑은 자신이 선택한 주식을 주문하는 개인 투자가에게 주식거래에 관한 자문을 해주고 적은 수수료를 받았다. 엘리트 위주의 금융 산업에 스스로 선택하는 금융 서비스를 제공하는 새로운 카테고리를 창조한 것이다.

1998년 출시된 애경 산업의 '덴탈 클리닉 2080' 치약은 중저가 패밀리형 시장을 겨냥하는 새로운 카테고리를 만들어냈다. 한국야쿠르트는 치열한 경쟁 속에서 기존 시장을 분화시켜 '기능성 발효유'라는 새로운 카테고리를 개척했다. 위 건강 발효유인 헬리코박터 프로젝트 '윌'과 건강 발효유인 '쿠퍼스'가 그것이다. '윌'은 기능성 발효유 시장이 성장할 수 있는 견인차 역할을 했다. 기능성 요구르트가 발효유 시장의 성장을 주도하는 가운데에서 현존하는 시장을 쪼개 특화한 것이다.

'미스터피자'는 여자만을 위한 피자로 기존 시장을 쪼개 들어갔다. 피자는 외식 시장에서 빼놓을 수 없는 아이템 중 하나다. 여성 소비자를 표적으로 한 미스터피자는 여성의 입맛에 맞는 피자를 선보임으로써 여성 소비자를 끌어들였다. 그러나 미스터피자가 처음부터 여성 소비자를 겨냥한 것은 아니다. 미스터피자는 1990년 이화여대 앞에 1호점을 열면서 여대생의 입맛을 사로잡았고, 그것이 여대생들의 입소문을 타고 멀리 퍼져나갔다. 2004년 미스터피자는 이러한 변화를 인식하고 기존 시장에서 여성만을 위한 피자 시장을 정확하게 겨냥한다. 브랜드 슬로건도 '기름 뺀 수타피자'에서 '여자만을 위한 피자'로 변경했다. 미스터피자는 여성들이 좋아하는 음식 트렌드를 읽고 기존 피자와 다른 새로운 피자 이미지를 각인시켰다. 여성만을 위한 피자로 시장의 한 조각을 만들어낸 미스터피자는 기존의 피자 시장에서 여성 시장만을 분화시켰다. '미스터피자는 여자를 위한 피자'라는 공식을 만들어내면서 새로운 시장 카테고리를 창출했다.

'마시는 홍초'는 기존의 식초 시장을 조미료 시장과 음료 시장으로 구분시켰다. 음료용 식초 시장을 새롭게 개척한 청정원의 '마시는 홍초'는 웰빙형 붉은 과실초로 석류, 오미자, 자색 고구마 등 3종을 주원료로 사용했고, 각각 벌꿀, 올리고당, 식이음료 등을 혼합, 숙성시켜 식초의 자극적인 맛을 없애고 깔끔하고 부드러운 맛을 냈다. 음료 식초는 혈액순환과 피로 회복에 좋아 40~50대에서 호응이 좋았다. 그리고 다이어트와 피부미용에 좋은 효과가 있다는 사실이 알려지면서 젊은 층으로까지 소비층이 확산되었다.

끊임없이 새로움을 요구하는 소비자를 위해서는 소비자 개개인의 니즈와 욕구를 파악해 시장을 더욱더 쪼개고, 그들에게 100퍼센트의 만족을 줄 수 있어야 한다. 현재 이미 형성되어 있는 시장에 의문을 갖고 철저히 소비자의 잠재적 욕구에 따라 시장분화로 잘게 쪼개어 소비자 욕구를 만족시켜야 한다.

지금 시장에서 성공한 브랜드가 항상 소비자에게 좋다는 법은 없다. 궁극적으로 카테고리 디자인은 소비자들의 다양한 욕구에 맞춘 시장으로 지속적으로 분화될 것이다. 새로운 카테고리에서 새로운 수요가 시작된다.

## B. 제품 카테고리 디자인 전략

**새로운 제품 카테고리를 발견하는 법**

소비자 마음은 기존 제품 카테고리에만 안착하지 않는다. 지금도 새로운 욕구는 무수히 일어나고 있다. 새로운 카테고리에서 소비자의 인식과 마음을 얼마만큼 점유하느냐에 따라 마케팅 기회는 생겼다가도 사라진다. 카테고리 디자이너는 소비자의 마음을 관찰하며 새로운 제품 카테고리를 발견하면 된다. 기존의 마케팅 구조 속에서 변하려고 하는 소비자의 마음을 읽고 미리 그것을 찾아내 소비자에게 제안하면 된다.

그러면 소비자의 마음속에서 꿈틀거리고 있는 그 무엇, 즉 잠재적 욕구가 무의식세계에서 수면으로 올라와 현재화된다. 그 속에서 새로운 수요가 만들어지는 것은 결코 우연이 아니다. 이는 기존 카테고리 시장이 성숙화에 접어들고, 기존 제품에 대한 소비자 욕구 수준이 최고로 올랐을 때 오히려 자연스럽게 파생되는 기회다. 기존 시장의 카테고리 분화는 새로운 제품에 의해 필연적으로 나타난다. 소비자는 항상 마음속에 불만을 갖고 있기 때문이다.

제품 카테고리의 분화는 소비자 의식 안에 존재하는 것임을 잊지 말아야 한다. 그것은 바로 소비자의 욕망이 변화하면서 드러나는 분화다. 잠재 소비자의 인식 속에서 제품 카테고리 분화 콘셉트를 찾아내야 한다. 기업이 생각하는 대로 분화시켜서는 안 된다. 반드시 소비자의 생각 속에서 분화시켜야 한다. 제품을 사용하는 소비자들의 진보된 욕망, 또 다른 욕망을 읽을 수 있을 때 새로운 제품 카테고리를 발견하고 이것을 소비자 수요로 전환시킬 수 있다.

제품 카테고리는 시장에 존재하는 것이 아니다. 그것은 소비자들의 의식, 생각 속에 존재할 뿐이다. 소비자의 의식을 보지 않고, 시장만 살피면 실패한다. 이를 위해서는 소비자의 심층적 마음, 드러나지 않는 마음을 볼 수 있는 통찰력이 필요하다.

어떤 카테고리를 말하면 바로 떠오르는 브랜드가 있다. 바로 그 브랜드가 해당 카테고리의 1등 브랜드이자 대표 브랜드다. 예를 들면 접착식 메모지—포스트잇, 숙취해소 음료—컨디션, 김치 냉장고—딤채, 화장티슈—크리넥스, 커피크림—프리마, 드럼 세탁기—트롬, 즉석밥—햇반, 할인점—이마트, 기능성 브라—원더브라, 물에 뜨는 비누—아이보리 등이 대표적이다. 이 브랜드들은 기존의 시장 카테고리를 분화시켜서 새로운 제품 카테고리를 발견했고, 수년간 부동의 1위를 지키고 있다.

### 새로운 브랜드에 담아야 한다

찰스 다윈이 주장하는 생물계의 생존경쟁과 적자생존은 브랜드의 세계에서도 그대로 재현된다. 제품 카테고리의 분화가 언제 어디에서 어떻게 일어날지는 아무도 모른다. 하지만 제품 카테고리 분화는 자연스런 현상이기에 결국에는 꼭 일어날 현상이다. 소비자의 마음은 다양성을 간직하고 있기에, 분화는 예기된 것이다. 분화된 제품 카테고리는 초기에는 언제나 작은 것이다.

물론 카테고리 분화는 늘 새로운 브랜드를 요구한다. 새로운 브랜드가 아니면 아무리 시장을 분화시켜도 소비자는 알아채지 못한다. 기존의 상식을 깨뜨린 새로운 브랜드가 지속적으로 뜨고 있는 이유가 바로 여기에 있다.

기존 시장의 마케팅 구조가 해체되고 소비자 욕구가 분화하는 가운데 새로운 기회는 찾아온다. 1980년대만 해도 우리의 생활은 단순했다. 하지만 시간이 갈수록 우리의 생활은 점점 더 복잡해지고 있다. 수백 년 동안 진행되어온 분화이지만 그 속도는 점점 더 빨라지고 있고 멈출 기미도 없다. 제품 카테고리가 계속적으로 분화한다는 사실을 인식하는 것이 새로운 카테고리 디자인의 기회를 만든다. 또한 새로운 제품 카테고리는 반드시 새로운 브랜드에 담아야 한다.

1999년에 출시된 쌀 음료 '아침햇살'은 한국인의 주식인 쌀을 원료로 한 새로운 음료 카테고리를 만들었다. 이는 한국인의 본성, 본능에 충실한 결과였다. 우리 입맛에 딱 맞는 음료에 대한 욕구가 있었기에 쌀 음료 카테고리를 만들어낼 수 있었다. 아침햇살은 사람들의 숨어 있는 잠재욕구를 만족시켜 승승장구했으며, 곡물 음료라는 새로운 제품 카테고리로 음료 시장을 확장시켰다.

2002년 말 웰빙 트렌드가 처음 도입되었지만, 이제 웰빙은 더 이상 낯선 트렌드가 아니다. 웰빙은 보통 사람들의 생활과도 밀접하게 관련되어 있으며 우리 생활 곳곳에 스며들어 있다. 웅진 쿠첸은 맛과 건강을 소중히 여기는 이런 소비자들의 패턴을 파악했다. 전문 기업이 지배하고 있던 국내 전기밥솥 시장은 2002년부터 정체현상이 드러나기 시작했다. 쿠첸은 좋은 밥맛을 만드는 기능에만 몰려 있던 소비자 인식을 건강으로 전환시키기로 했다. 건강을 최우선으로 생각하는 소비자들이 현미밥이나 잡곡밥을 지어 먹기 시작했기 때문이다. 그래서 쿠첸은 '현미밥 잘 짓는 밥솥'으로 제품 카테고리를 분화시켰다. 즉, 건강 밥솥이라는 새로운 제품 카테고리로 웰빙 트렌드에 적합하게 포지셔닝했다. 시장과 소비자의 욕구가 변화하는 틈을 찾아 제품을 차별화시킴으로써 마케팅 기회를 잡았다.

### 변두리의 비주류 시장과 마케팅 기회

생명체의 구조가 분화할수록 그 종은 더 많은 수로 번성하기 때문에 자연은 분화해야 생존할 수 있다. 많이 분화한 종일수록 생존 경쟁에서 살아남을 확률이 높다. 제품 카테고리를 분화시키는 것은 새로운 수요층을 발견하는 주류의 사고방식은 아니다. 그러나 마케팅 기회는 주류의 사고방식에서 결코 찾을 수 없다. 마케팅 기회는 주류시장의 변화 속에 있지 않다. 경쟁이 취약한 변두리의 비주류 시장에 마케팅 기회가 존재한다. 비주류 시장에서는 기존 시장이 해체하면서 새로운 제품 카테고리가 형성된다. 비록 그것이 최초에는 작은 시장일지라도 명확한 제품 카테고리로 발전할 때 주류시장을 이끄는 힘이 된다는 것을 기억하라.

## C. 가치 카테고리 디자인 전략

### 새로운 지표를 찾아야 한다

진화하는 시장에서 변화란 소비자들을 완전히 새로운 각도에서 바라보는 것을 뜻한다. 시장이 어느 정도 성숙하면, 제품들의 상당 부분은 표준화가 이루어진다. 시장이 진화하면서 소비자들이 요구하는 것은 더 복잡해지고 있다. 필요 요소가 많아질수록 소비자에게 어필할 수 있는 새로움이나 차별화 요소를 찾기란 더 어렵다. 그러나 제품의 표준화가 이루어지면 제품의 편익을 알리기가 쉽고, 소비자들의 브랜드 경험이 많아짐으로써 따로 소비자 교육을 할 필요가 없다는 장점은 있다.

제품의 생명주기를 살펴보면 시장이 진화하는 시점에서 경쟁자들이 서로 어떻게 닮아가는지 확인할 수 있다. 경쟁자들은 과도한 경쟁을 벌이며 한층 더 진화한 단계로 계속 이동한다. 우리는 시장 지표의 이동점에서 새로운 지표를 찾아야 한다. 그래야만 제품의 생명 주기를 활용한 마케팅 기회를 탐색할 수 있다.

2007년 차 음료 시장에서 돌풍을 일으킨 광동제약의 '선이 고운 절세가인 옥수수 수염차'는 차 음료가 진화하는 시점에서 새로운 마케팅 기회를 발견한다. 대다수 음료 업체들이 서둘러 혼합차를 출시하던 때 광동제약은 한의학과 민간요법에 쓰이던 옥수수 수염차로 관심을 돌렸다. 과거 시골 여성들이 미용에 좋다고 옥수수 수염을 끓여 그 물을 마시던 모습에서 아이디어를 얻었다. '본초강목'에 실린 대로라면 소변을 좋게 하는 이뇨작용과 얼굴 부기를 제거하는 옥수수 수염의 효능은 작은 얼굴을 선호하는 요즈음 트렌드와 맞아 떨어졌다. 가녀린 얼굴선을 의미하는 V라인을 유행시킴으로써 차 음료 시장에서 한방 음료로 진화 방향을 새롭게 했다. 새로운 음료 가치 카테고리를 찾아낸 것이다.

의류업체 EXR에는 캐포츠(캐주얼+스포츠)의 원조라는 수

식어가 따라다닌다. 운동복처럼 편안하고 기능성이 있으면서도 캐주얼복으로 패션과 디자인을 가미한 의류다. 2002년 출시된 EXR은 '캐포츠'라는 새로운 장르를 개척했다. 시장의 진화를 민감하게 관찰하다가 변화의 틈을 발견하고 새로운 스타일의 옷을 개발했다. 기능성이 좋은 운동복은 디자인이 예쁘지 않고, 디자인이 탁월한 옷은 기능성이 떨어지는 경우가 많다는 점에 착안했다. 운동복과 캐주얼 시장의 틈새시장을 구축한 EXR은 국내 스포츠 패션에 새 바람을 일으켰고 캐포츠라는 새로운 가치 카테고리를 발견했다.

### 시장 진화를 일으키는 변곡점

시장 진화를 일으키는 변곡점에서 새로운 브랜드로 경쟁우위를 포착하면 마케팅 기회는 자사의 것이 된다. 유사한 제품 모델들이 급증하고 유력한 디자인이 출현하면서 좀 더 업그레이드된 시장 수요가 늘어나면 시장 진화의 방향을 바꿀 수 있다. 시장이 진화할 때 변화를 가로막는 가장 큰 장애 요인은 자사의 강점을 유지하는 일에 강박적으로 매달리는 것이다. 브랜드가 고정 소비자를 확보했거나 시장 점유율을 바꿔놓을 만큼의 경쟁력을 지니고 있다고 판단되면 현 상황을 그대로 유지하는 데에 더 큰 노력을 기울인다. 시장 진화의 타이밍은 마케팅 전략의 강조점이 근본적으로 바뀌는 시점이다. 여기에서 새로운 가치 카테고리가 탄생한다.

시장 진화의 방향은 남들이 보지 못하는 사실을 볼 수 있을 때 바꿀 수 있다. 기존 마케팅 구조에서 관습을 바꿔야 하는데 이를 위해서는 소비자의 관습을 먼저 이해해야 한다. 관습은 기존의 규칙을 따르는 것으로, 생각이나 행동이 의례적이기 마련이고, 이미 성립된 규칙을 계속 유지하려는 특성이 있다.

소비자들의 관습은 미처 깨닫기도 전에 받아들인 것이기에 이미 굳어진 상태다. 이를 선입견이라고도 부른다. 물론 이러한 선입견은 많은 소비자들이 공유하는 생각이다. 즉, 소비자들이 기존 제품 카테고리에 익숙해져 있는 것이다. 가령 유행을 좇는 행위는 선입견을 벗어나기 힘들다.

지속적으로 소비자와의 관계를 밀착시키기 위해서는 제품을 개선하고, 소비자들의 기대를 만족시키고, 소비자들을 선도하고, 제품 사용 방법을 변화시켜라. 소비자와 상호 의존적인 관계를 구축함으로써 새로운 가치를 창조할 수 있을 것이다.

노스페이스, 코오롱, **K2** 등 쟁쟁한 회사가 차지하고 있는 등산화 시장에 후발업체로 뛰어든 트렉스타는 소비자에게 밀착 접근함으로써 '가벼운 등산화'라는 마케팅 기회를 잡아냈다. 트렉스타는 소비자와 대화하는 가운데 가벼운 등산화가 필요하다는 사실을 인식했다. 극한 산악환경에서는 딱딱하고 무거운 등산화가 좋다는 고정관념에서 벗어나 가볍고 부드러울 뿐만 아니라 내구성이 뛰어난 등산화를 생각해낸다. 등산화의 무게를 290그램까지 줄여 기존의 등산화보다 절반 이상 가벼워진 셈이다. 초경량 등산화 트렉스타는 기존의 시장에 안주하지 않고, 고객의 요구를 더 가까이에서 듣고, 그들이 원하는 제품을 만들었다.

### 혁신은 브랜드를 변화시킨다

현재의 경쟁은 현재의 소비자 가치와 일치한다. 변화가 생길 때마다 소비자 가치는 흔들리며 불안정해진다. 하지만 불안정한 소비자 가치의 틈을 파고드는 마케팅 기회는 분명 존재한다. 예측 불가능한 소비자 가치를, 혁신을 통해 자사에게 알맞은 방식으로 변화시킬 수 있을 때 기회는 드러난다.

진정한 혁신은 인간과 개인, 그룹으로서 소비자가 느끼는 니즈를 이해하는 데에서 온다. 혁신은 브랜드를 변화시킨다. 혁신적인 브랜드가 소비자들의 일부로 받아들여지면, 소비자 시장에서 경쟁 브랜드는 존재하지 않는다. 혁신을 통해 새로운 수요가 창출된다. 이는 바로 소비자의 삶을 감동시킬 수 있는 새로운 가치 카테고리를 만드는 것이다. 혁신은 브랜드를 강력하게 만들기 위한 원동력이다. 브랜드에 에너지를 투입하면 그것이 바로 혁신이다. 혁신은 브랜드와 소비자 사이에 에너지를 충전시킨다는 의미이자 브랜드에 의미를 부여하는 행위다. 혁신은 새로운 시장에 대한 소비자 기대에 부응하고 그들의 마음속에 품고 있는 궁금증에 대한 답을 주기 때문에 새로운 가치 카테고리를 만든다.

**1999년** 강변가요제에서 대상을 차지한 가수 장윤정은 지독하게 운이 없었다. 국내 최고 음반사와의 계약이 흐지부지되고, 다른 기획사와 맺은 계약도 잘 성사되지 않아 4년여 동안 음반 한 장도 내지 못한 신세였다. 장윤정이 자포자기 심정으로 마지막에 만난 곳이 권투 프로모션 회사인 인우 프로덕션이다. 그곳에서는 장윤정에게 트로트를 해보지 않겠느냐고 제안했지만 그녀는 이를 거절했다. 그러나 가창력이 있는 장윤정에게 새로운 가치를 부여한다면 트로트 산업 자체를 부활시킬 수 있을 것이란 생각에 인우 프로덕션은 장윤정을 다시 설득했다. 당시 트로트 리듬은 '쿵짜라 쿵짝' 형태의 천편일률적인 뽕짝 리듬을 반복하는 것이 전부였다. 이런 트로트에 폴카 리듬을 가미하여 탄생한 곡이 '어머나'다. 이 곡은 트로트 시장에 새로움을 주었고 새로운 카테고리를 만들어냈다. 전방위적인 홍보 노력으로 2004년 하반기에 '어머나'는 열풍을 넘어 돌풍을 일으킨다. 기존 트로트 음악과는 다른 '즐거움'의 가치를 소비자에게 주었던 장윤정의 음악은 혁신을 통해 새로운 경쟁을 일으켰고, 전 국민이 즐기는 트로트라는 새로운 장르 개척이 새로운 가치 카테고리를 만들어 새로운 수요를 일으켰다.

혁신은 새로운 것이라는 고정관념을 버려야 한다. 혁신이란 소비자의 요구에 맞춰 재구성한 것을 실행할 때 비로소 완성된다. 이 세상에 새로운 것이란 없다. 혁신에 대한 의미는 결국 기존 소비자의 마음 구조를 재해석하는 것이다. 오리지널은 존재하지 않는다. 단지 시대의 변화에 따라 재창조되고 재구성될 뿐이다.

경쟁자와 차별화할 수 있는 전략은 혁신을 통해 형성되며, 이것만이 오늘날 시장체제에서 이익을 가져다준다. 이는 철저히 소비자를 지향하는 관점에서 생각해야 한다. 즉, 시장성, 현실감, 직관력이 필요하며 새로운 편익을 창출해야 하는 것이기에 실용적이어야 한다. 그래서 혁신은 소비자 관점에서 가치 있는 도약이 되어 기존 제품 카테고리 시장을 해체하고 새로운 수요를 이끄는 원동력이 된다.

매력적인 제품은 그 제품이 소비자에게 주고자 하는 핵

심가치를 명확히 가지고 있다. 제품이 제공하는 핵심가치를 파악하기 위해서는 소비자와의 대화 및 검증이 필요하다. 이때 도출된 핵심가치를 잘 활용하면 새로운 가치 카테고리를 형성하는 원동력이 될 수 있고, 소비자 수요를 한층 향상시킬 수 있다.

### 새로운 가치 카테고리 발견하는 법

새로운 가치 카테고리를 발견하기 위해서는 다섯 가지 과정을 거쳐야 한다. 첫째, 차별성이 미흡하거나 성장률이 낮은 시장 카테고리를 선정한다. 둘째, 현재의 카테고리가 소비자에게 제공하는 가치를 유용성, 편리성, 문제 해결 등의 측면에서 분석한다. 기업이 소비자에게 제공하려고 의도한 가치를 기록하고, 그 가치가 소비자가 진정으로 인식하는 가치인가를 평가한다. 진정성은 '만약 당신이 소비자라면 돈과 노력을 더 지불하고 이 제품을 구입할 것인가?'를 자문하면 얻게 되는 솔직한 감정이다. 셋째, 이 작업을 통해 기업이 소비자에게 제공하려는 가치보다는 소비자가 받고자 하는 가치 위주로 카테고리를 정의해야 한다. 넷째, 우선순위를 통해 소비자가 원하는 핵심가치를 도출한다. 마지막으로 도출된 핵심가치를 중심으로 새로운 가치 카테고리가 있는지 검토하면 된다.

1994년 롯데제과는 자일리톨을 함유한 껌을 출시했다. 처음 출시할 당시에는 그저 무설탕 껌이었다. 그 후 1997년 '자일리톨F'라는 이름으로 다시 출시했다. 하지만 보통의 껌 가격이 200원이었던 것에 비해 '자일리톨F'는 500원이라는 고가로 가격 저항에 부딪히고 소극적인 홍보로 또 다시 실패한다. 하지만 편의점에서의 판매는 나쁘지 않았고, 자일리톨을 먹어본 사람들의 반응을 살펴보니 가능성이 보였다. 롯데제과는 시장 기회를 잡을 방법을 다시 고민했다.

1999년 핀란드를 방문한 마케팅 실무자는 자일리톨이 어떻게 그 나라에서 일상화되었는지를 추적해보았다. 핀란드에서는 자작나무에서 자일리톨을 추출해 설탕 대체제로 활용하고 있었다. 또한 국민의 충치유발지수가 낮아지는 등 구강건강 상태가 눈에 띄게 좋아졌다는 사실을 알게 됐다. 핀란드에서는 자일리톨이 단순히 껌이 아니라 충치를 예방할 수 있는 제품 가치를 갖고 있었다. 이를 알게 된 롯데제과는 "핀란드에서는 아이들이 자기 전에 자일리톨을 씹는다"라는 메시지와 함께 새로운 콘셉트를 도출해냈다. 제품의 형태도 휴대성을 높인 슬림형과 알약형 두 가지의 패키지 디자인으로 다시 출시했다. 특히 알약 형태를 한 껌은 소비자들에게 진짜 충치 예방 효과가 있다는 느낌을 줬다. 또한 시원한 청량감을 줄 수 있도록 껌에 코팅을 했다. 먼저 치과에 납품을 하면서 상품을 알려나가기 시작했다. 2000년 7월 이후 상황이 좋아지면서 '자기 전에 씹는 껌, 자일리톨'로 제대로 포지셔닝할 수 있었다. 자일리톨의 경우, 소비자의 구매 동기를 180도 바꾸어버렸다. 자기 전에 씹는 '충치 예방 껌'으로 구매 동기를 변화시킨 전략은 빛을 발했다. 이후 경쟁사에서 비슷한 제품이 등장하면서 2004년에는 '자일리톨 휘바'로 브랜드를 바꾸고 원조의 이미지를 소비자에게 각인시켰다. 이렇듯 자일리톨은 새로운 가치 카테고리를 창출했다.

화장품 시장은 제품 기능과 브랜드 이미지를 차별화하는 것만으로는 소비자의 마음을 움직이기가 힘들다. 소비자들의 의식이 빠르게 진화하면서 새로운 방향을 모색해야 할 시점에 이르렀다. 이때 아모레 퍼시픽의 대표 브랜드인 라네즈는 체험 마케팅을 전개했다. 그 목적은 라네즈에 대한 소비자의 기존 인식, 즉 누구나 쓸 수 있고, 부담 없는 가격대라는 새로운 인식을 주어 브랜드 가치를 높이기 위해서였다.

라네즈는 1994년 첫 출시 후 세 차례(1997, 2000, 2002)의 브랜드 리뉴얼 작업을 거쳐 25세 감성의 젊은 브랜드로 새롭게 포지셔닝하기 위해 체험 마케팅 프로그램을 시작했다. 그

첫 번째 장소는 명동이었다. 젊은이들이 많은 명동에 미니몰 체험매장(LANEGE Happy Square)을 열어 오감을 자극하는 브랜드 세계를 체험할 수 있도록 했다. 그 결과 젊은 사람들이 쓰는 제품, 가벼운 사용감, 밀착력이 좋은 제품, 발랄하고 기분이 좋아지는 제품으로 브랜드에 새로운 가치를 부여할 수 있게 되었다.

소비자들은 브랜드에 대한 신뢰를 바탕으로 구매를 결정한다. 그들은 종종 자신의 믿음을 미리 예상하는 경향이 있다. 그래서 널리 퍼져 있는 의견을 습관처럼 받아들인다. 진화하는 시장에서는 이러한 소비자들의 일상적인 습관이 끊임없이 변하게 마련이다. 카테고리 디자이너는 그 변화의 틈 속에서 새로운 마케팅 기회를 찾아 시장 진화의 방향을 바꿔야 한다.

관습은 소비자의 통찰력에 근거해 있고, 숨어 있는 것이기에 관습에서 벗어나려면 스스로 차별화를 시도하는 것 이상의 노력이 필요하다. 그래야만 진화하는 시장 속에서 소비자의 관습을 찾아내어 우리가 의도하는 방향으로 전환시킬 수 있는 기회를 발견할 수 있다.

자신의 인식을 제한하는 소비자가 그 틀을 깨고 자유롭게 사고할 수 있도록 도와야 한다. 지금까지 소비자가 배웠던 것을 잊을 수 있도록 해야 한다. 이는 바로 전혀 다른 방식으로 그들에게 접근하는 것이다. 이를 위해서는 기존 소비자가 갖고 있는 관심에 끊임없는 질문을 던져야 한다. 그러면 변화된 소비자의 가치를 읽어내고 그에 따른 새로운 가치 카테고리를 발견할 수 있다.

## D. 이미지 카테고리 디자인 전략

### 카테고리 디자이너의 변명

　카테고리 디자인을 실행하다 보면 리더 브랜드 때문에 기회를 잃어버렸다는 변명 아닌 변명을 늘어놓을 때가 있다. 리더 브랜드를 이길 수 있는 제품이 없다거나, 광고를 하지 않아 소비자에게 브랜드를 알리지 않았기 때문에 마케팅 기회를 놓쳐버렸다고 쉽게 이야기한다. 그러나 진짜 카테고리 디자인 마케팅을 실행하면 변명이 통하지 않는다. 남의 탓으로 돌리기보다 카테고리 디자이너가 소비자의 마음과 아직 교감을 하지 못했기 때문이라는 사실을 절실하게 깨달아야 한다. 기존 마케팅 구조를 철저히 해체함으로써 소비자와의 관계를 밀착시킬 수 있는 방법을 찾아내야 한다. 소비자에게 의존하는 것이 아니라 소비자 가까이에 다가서서 그들과의 관계를 좀 더 강하게 연결할 수 있는 고리를 만들어야 한다. 소비자를 관찰하고, 그들과 이야기를 나누는 과정 속에서 좀 더 밀접하게 접근할 수 있는 기술을 터득해야 한다.

　소비자들과 호흡을 같이함으로써 그들의 마음이 변화하는 틈을 읽어내고 그 틈을 잡아야만 한다. 소비자 마음이 변화하는 틈과 직접 마주쳐야 한다. 오직 한 사람의 소비자의 욕구를 만족시키기 위해 기업의 모든 역량을 집중해야 한다. 그래야만 브랜드의 견고한 명성을 획득할 수 있다. 소비자와 밀착하면 할수록 브랜드의 명성은 더 높아진다. 리더 브랜드가 아니라 할지라도 현재의 시장구조를 잘 살펴보고, 그곳에서 소비자와 새로운 관계를 맺을 수 있는 아이디어를 얻어라. 혁신제품이 아니더라도 경쟁자와는 차별화되는 접근방법을 찾아 소비자와 밀착된 관계를 유지한다면 성공할 수 있다. 이것이 바로 새로운 이미지 카테고리 전략이다.

### 소비자와 감성적으로 관계를 맺을 수 있는 능력

　사람과 사람 사이의 관계는 차후에 브랜드 이미지를 만

드는 데에 있어 핵심 요소가 된다. 마케팅은 소비자와 어떤 관계를 맺느냐에 대한 철학이다. 그 철학으로 소비자와 함께 브랜드 이미지를 바꿀 수 있다. 세상을 바라보는 시각을 소비자의 느낌, 감정에 맞출 때 소비자와의 관계를 밀착시킬 수 있다. 소비자들은 존중받고 싶어 한다. 그들을 존중해줄 때 더 나은 제품을 만들 수 있다. 소비자가 진정 원하는 관계는 제품을 팔기 위한 일시적인 편익이 아니라 신뢰를 바탕으로 한 좋은 관계를 계속 유지하는 것이다.

소비자와 더 친밀한 관계를 형성하기 위해서는 먼저 브랜드가 소비자에게 '어떤 것은 해야 하고, 어떤 것은 하지 말아야 하는지'를 결정해야 한다. 소비자는 총체적인 해결점을 제공하는 브랜드를 선택한다. 브랜드가 소비자의 독특한 요구를 만족시키기 위해서는 브랜드를 소비자화해야 한다.

소비자화란 소비자가 의도한 대로 브랜드와 친밀한 관계를 맺는 새로운 카테고리 디자인 용어다. 카테고리 디자이너는 소비자에게 예상치 못한 감동을 줄 수 있는 요소를 찾아내야 한다. 리더 브랜드든 후발 브랜드든 간에 소비자에게 큰 만족을 주기 위해서는 그들이 만족할 때까지 끊임없이 커뮤니케이션해야 한다. 소비자들은 '진실의 순간'에 비로소 만족한다.

브랜드의 힘은 다양한 유대감을 통해 소비자와 감성적

으로 관계를 맺을 수 있는 능력이다. 소비자는 브랜드 소속감을 원한다. 특히 자신이 특별한 존재라는 느낌을 갖고 싶어 한다. 소비자와의 관계를 밀착시킬 때 브랜드는 그들에게 존재감을 확신시켜주고, 자아 존중감까지 높일 수 있다. 이러한 모든 것이 새로운 이미지 카테고리와 관계가 있다. 여기에는 이미지 카테고리를 창출하는 세 가지 전략이 있다.

**a. 감정을 통한 이미지 카테고리 전략**

소비자 역시 인간인지라 자신의 감정에 많이 좌우된다. 우리 모두는 시시각각 감정에 치우쳐서 행동을 한다. 소비자를 관찰하기 전에 먼저 자신을 살펴보면 인간이 감정의 동물이라는 사실을 더 잘 느낄 수 있을 것이다.

브랜드에 감정을 이입시키면 소비자의 심리 변화를 유도하고, 그것이 정서적 반응을 일으켜 브랜드에 대한 충성도를 높일 수 있다. 그러나 이 감정은 진실된 감정, 긍정적인 감정이어야 한다.

브랜드를 대하는 소비자의 마음을 움직이고, 그때 형성된 브랜드 이미지를 소비자의 감정에 적절하게 전달해야 한다. 소비자가 브랜드에 대해 많이 알고 있다고 해서 무조건 그 브랜드를 동경하고 사랑하는 것은 아니다. 소비자들이 열광하는 브랜드는 그 속에 꼭 인간적인 무엇이 있다. 한마디로 소비자의 마음을 사로잡는 정서적 이미지가 브랜드 속에 존재해야 한다. 이것이 브랜드에 감정을 넣는 이유이며, 감정이입이 필요한 이유다. 이때 소비자의 태도는 변화를 일으키기 시작한다.

할리데이비슨은 '할리족'이라는 마니아 소비자를 확보하고 있다. 그들은 자신의 몸에 직접 할리데이비슨 문신을 새길 만큼 브랜드 충성도가 강하다. 할리데이비슨에는 소비자의 감정이 들어 있다. 자유와 독립심을 연상시키는 소비자 감정은 브랜드를 소유함으로써 자신의 자아와 가치를 드러내도록 만든다.

천연 미네랄 생수인 에비앙에도 소비자 감정이 들어 있다. '순수와 건강'이라는 감정을 브랜드에 불어넣음으로써 브랜드 이미지를 형성하고 브랜드 차별화를 이룬다. 사실 생수의 경우에는 맛과 같은 제품 속성으로 차별화하는 것이 쉽지 않다. 제품 가치를 높이기 위해 에비앙은 이미지 메이킹을 시도했다. 이는 광고 등을 통한 커뮤니케이션 채널에 의해서 다각도로 이루어지고 있지만, 브랜드에 소비자 감정을 넣는다는 것 자체가 높은 브랜드 이미지를 형성하는 일이다. 여기에는 제품 가치가 소비자 가치로 전환될 수 있는 감정 요소가 필요하다. 내적 감정이나 외적 감정을 통해 동시에 접근할 수 있다.

브랜드에 감정을 넣어라. 그러면 소비자 심리에 변화가 생겼을 때 우리 브랜드로 마음이 움직일 수 있다. 브랜드에 대한 태도 변화 또한 일어난다. 새로운 이미지 카테고리는 이렇게 탄생한다.

아이스크림의 대표주자인 '배스킨라빈스 31'은 매일매일 색다른 아이스크림을 선보여 한 달 동안 다른 맛을 보여준다는 의미로 '31'을 브랜드 이름에 포함시켰다. 이는 소비자들에게 다양한 재미와 맛을 제공하려는 목적이다. 브랜드의 주요 가치는 '아이스크림을 파는 것이 아닌 즐거움을 파는 것'이다. 여기에도 브랜드 감정이 깃들어 있다. '골라 먹는 재미'를 줌으로써 소비자의 정서를 자극하는 것이다. 여기에는 소비자와 좀 더 친밀감을 느끼게 하려는 정서가 배어 있다.

소비자 감정은 소비자의 상상 속에 존재한다. 무의식 상태에서 일어나기 때문이다. 감정은 본능적으로 얼굴 표정이나 신체 표현으로 드러난다. 브랜드는 소비자 마음 안에 있는 긍정적 감정을 불러일으킬 수 있어야 한다. 브랜드에 감정이입을 하기 위해서는 소비자의 가치체험이 좀 더 유쾌해질 수 있도록 전반적인 브랜드 이미지를 다시 조정해야 한다. 물론 표적 소비자의 구매 행동과 소비자 감정이 잘 형성되어 있어야만 브랜드 감정이 제대로 이루어지고, 소비자와 브랜드의 교감이 자연스럽게 유도된다. 단순히 만족을 주는 차원을 벗어나 소비자에게 의미 있는 브랜드가 되어야 한다. 그래서 경쟁 브랜드와 차별화된 고유한 분위기와 고유한 감정을 가져야 한다.

LG전자가 출시했던 휴대전화 '초콜릿'은 제품에 감정을 불어넣어 소비자들에게 좋은 반응을 얻은 사례다. 단순하면서도 고급스러운 디자인과 얇고 작은 제품에 다양한 기능을 담은 브랜딩 전략이 잘 어우러졌다. '초콜릿'이라는 친근한 이름과 갖고 싶은 물건이라는 이미지가 더해져 새로운 정서를 낳았기 때문에 소비자들과 더욱 가까워질 수 있었다.

소비자는 브랜드를 선택할 때 순전히 자신의 느낌에 의존한다. 좋은 느낌, 싫은 느낌에 따른다. 느낌은 일종의 가치판단이다. 감정은 이성보다 더 강하게 소비자를 이끈다. 감정은 모든 것을 아우르는 총체적인 판단이다. 그래서 감정을 잘 담은 브랜드는 소비자의 마음을 변화시킨다. 이것이 브랜드 감정을 통한 새로운 이미지 카테고리 전략이다.

브랜드에 감정을 담으면 소비자가 기대하는 느낌을 창의적이고 긍정적인 경험으로 발전시킬 수 있다. 소비자들이 기억하는 브랜드를 만들고 싶다면 소비자들의 개인적이며 감정적인 요구까지 수용하라. 감정은 무의식의 차원에서 형성되고, 그것이 기억 속에 저장되기 때문에 느낌이나 상징적인 이미지로 접근해야 한다. 이렇듯 브랜드에 감정을 이입하여 소비자 태도를 변화시킴으로써 새로운 카테고리 수요를 창출할 수 있다.

**b. 디자인을 통한 이미지 카테고리 전략**

디자인이 구매결정에 중요한 변수로 떠오른 지는 이미 오래다. 우리는 상점에 들어가 물건을 구경하다가 눈에 띄는 제품이 있으면 자기도 모르게 다가간다. "아하! 좋은데" 하며 감탄사를 연발하기도 한다. 마음의 변화는 바로 눈을 통해 지각되며, 그 중심에 디자인이 있다.

새로운 디자인 감각의 충격 속에서 변화는 시작된다. 좋은 디자인은 인간의 욕구가 철저히 반영된 것이기에 소비자를 사로잡을 수 있는 새로운 이미지 카테고리를 형성한다. 소비자 마음에 이미 새로운 디자인에 대한 욕구가 존재하기에 마음의 진화 속도에 맞추어 시장의 속도를 놓치지 않도록 해야 한다.

애플은 소비자들이 단지 제품의 성능만으로 컴퓨터를 구매하지 않는다는 사실을 깨닫고, 독창적인 디자인으로 마케팅 찬스를 이끌어냈다. 1990년대 들어 큰 위기를 맞았던 애플은 1998년 아이맥을 출시했다. 아이맥은 디자인은 어떤가? 모든 컴퓨터의 색깔이 회색이나 흰색 계열이었을 때, 애플은 파스텔톤을 한 누드 콘셉트의 아이맥을 내놓았다. 감각적인 파스텔톤의 컬러와 반투명 케이스를 이용하여 소비자의 감성을 만족시키고 첨단제품 느낌의 디자인으로 성공을 이루었다.

애플은 2000년대 들어 다양한 기능구현과 음질향상을 중심으로 경쟁이 심한 MP3 플레이어 시장에 아이팟을 내놓았다. 한 가지 컬러와 원형의 클릭휠만을 강조하여 단순하고 간결한 미니멀리즘 디자인을 추구했다. 아이팟 역시 디자인을 새롭게 함으로써 MP3 유저들의 라이프스타일을 새롭게 창조했다.

LG전자의 '초콜릿'폰은 "그냥 보는 것만으로도 사고 싶은 생각이 드는 휴대전화를 만들자"라는 발상에서 시작하여 진한 검정색에 얇고 심플한 디자인으로 제작되었다. 즉, 모든 것을 디자인에 맞춘 것이다. 하지만 한 조각 달콤한 초콜릿을 연상케 하는 세련되고 고급스러운 디자인에, 얇은 몸체를 위해 터치패드를 장착하여 소비자의 감성을 자극한 초콜릿폰은 기능 면에서도 결코 뒤지지 않았다.

소비자 욕구를 파악하기 위해서 디자인은 다른 어떤 요소보다 치밀함이 필요하다. 디자인이라는 마케팅 감각을 소비자 마음의 진화에 맞춰야 하기 때문이다. 디자인은 사람에 의해 만들어지고 사람에 의해 탄생한다. 디자인은 사람을 위한 것이어야 한다.

진정한 디자인의 힘은 눈에 보이지 않는 사람의 마음을 눈에 보이도록 커뮤니케이션하고, 사용하는 사람의 마음까지 행복하게 만든다. 디자인은 제품에 외양을 아름답게 하는 것 이상이어야 한다. 탁월한 디자인 감각으로 경쟁적 차별화를 꾀하라. 디자인은 소비자의 이성에 소구하는 것만으로는 안 된다. 소비자 마음을 지배할 수 있는 것이어야 한다. 디자인을 새롭게 함으로써 소비자 마음을 변화시킬 수 있고, 디자인은 그 변화 속에서 마케팅 기회를 드러낸다. 디자인을 통한 이미지 카테고리 전략은 크게 4가지 영역으로 나뉜다.

### 제품 디자인

실제로 제품 자체가 디자인의 핵심이다. 제품의 형태가 디자인으로 구현되는 것이다. 아이리버의 프리즘은 독특한 디자인과 초경량이 매력 포인트다. MP3 플레이어를 패션상품으로 탈바꿈한 것이다. 외관은 삼각기둥 모양의 목걸이형에 길이도 8.3센티미터에 불과했다. 프리즘은 개성을 드러내는 데 주저함이 없는 젊은 세대의 패션상품으로 포지셔닝했다. 표적 소비자인 젊은 층에게는 작은 크기에 예쁘고 튀는 디자인이 매력적으로 어필했다. 손가락만 한 '프리즘'은 2002년 처음 출시했을 때만 해도 MP3 플레이어 중에서 가장 작고 가벼운 제품이었다. 세상에서 가장 작은 프리즘은 제품 자체가 디자인이었다.

### 패키지 디자인

패키지 디자인은 작은 요소이지만 큰 효과를 유발한다. 패키지 디자인 하나만으로도 소비자의 마음을 움직일 수 있다. 동원 **F&B**가 새롭게 선보인 차애인은 국내 최초의 100센트 알루미늄용 **NB**캔을 사용했다. **NB**캔은 페트병과 원통형 캔의 장점만을 모아 만든 것으로 페트병처럼 가볍고 마개가 있어 다시 밀폐할 수 있는 것이 장점이다. 차애인은 사이버틱한 디자인과 고급스러운 패션 감각을 강조해 차 음료 시장의 잠재 소비자였던 10~20대, 즉 새로운 소비자를 잡을 수 있었다.

롯데제과의 셔벗 아이스크림인 '설레임'은 빙과 시장에서 최초로 독특한 파우치 패키지 디자인을 시도했다. 기존 튜브형 제품이 아이들의 취향을 맞춘 것이라면, 설레임은 청장년층의 취향까지 고려하여 개발한 것이었다.

### 제품을 판매하는 곳의 디자인

장소를 디자인(place design)한다는 것은 쇼핑 체험을 이미지화하는 일이다. 브랜드를 알릴 때에는 소비자와 밀착해 브랜드 이미지를 알려야 한다. 스웨덴 가구업체인 이케아 매장은 성대한 아침식사를 싼값에 먹을 수 있도록 했다. 두 개의 갓 구운 큼직한 빵과 버터, 먹음직스러운 치즈에 연어까지 즐길 수 있었다. 단돈 2유로로 따뜻한 커피도 무제한 마실 수 있다. 사람들은 매일 아침 개장 1시간 전부터 이케아 매장 앞에 긴 줄을 선다.

매장에 저렴한 아침 뷔페를 준비한 이케아는 가구왕국에서 음식왕국으로까지 이미지 확장을 꾀하고 있다. 이케아는 단순히 조립식 가구를 파는 것에서 더 나아가 웰빙 센터 역할까지 톡톡히 해내고 있는 것이다. 이케아 매장은 이케아만의 독특한 라이프스타일을 판다. 누구라도 편안히 쉬어갈 수 있는 체험형 거실 매장 문화를 정착시켰다. 안내원이 따로 없는 쇼룸은 하나의 문화공간으로 손색이 없다.

### 서비스 디자인

무형의 서비스일수록 소비자 눈에 잘 띄고 의사소통을 할 수 있는 형상이 필요하다. 항공사인 제트블루는 가격이 저렴하다고 해서 최소한의 서비스만을 제공하지는 않는다. 오히려 어떤 항공사보다 전문적이고 효율적이며 성의 있는 서비스를 제공한다. 제트블루는 일등석과 삼등석의 구분 없이 모든 좌석에 동일한 서비스를 제공한다. 다이렉트 TV를 설치하고 스낵 종류의 음식을 제공한다. 그러나 무엇보다 제트블루가 사람들에게 사랑을 받는 이유는 항상 미소로 승객을 응대하기 때문이다. 승객들은 승무원의 미소를 보면서 다른 항공사와는 다른 서비스를 받고 있다는 느낌을 갖는다. 저렴한 가격에 제한된 장소에서 효율적이고 친절한 서비스를 제공하는 제트블루 방식은 획기적인 서비스를 디자인하고 있다.

디자인을 통한 새로운 이미지 카테고리의 창출은 새로운 수요층을 유발한다. 디자인 센스는 사회 문화의 트렌드를 반영하고, 그것을 제품으로 만들어야 한다. 그 자체로 소비자를 설득할 수 있어야 한다. 가장 중요한 것은 소비자 설득력이다.

c. 메시지를 통한 이미지 카테고리 전략

소비자에게 보내는 브랜드 메시지는 브랜드 정보다. 소비자와 커뮤니케이션할 때 가장 중요한 요인은 브랜드 메시지를 정확하게 보내는 것이다. 브랜드 메시지 속에는 브랜드 약속이 담겨 있어야 한다. 그래야 고객들은 브랜드가 진정으로 가치 있다고 생각한다. 소비자의 마음을 움직일 수 있는 브랜드의 맑은 마음을 그 속에 담아라. 브랜드만의 독특함을 소비자에게 전달해야 한다. 브랜드 메시지 속에는 통일된 포지셔닝 전략과 핵심가치가 있어야 한다.

브랜드의 이야기를 그대로 담아야 하는 브랜드 메시지가 제품 가치, 소비자 가치를 제대로 담고 있지 않을 때 소비자들은 혼란스러워한다. '이 브랜드가 정말 나를 위한 브랜드인가?' 이런 의심이 드는 순간 소비자는 소리 없이 떠난다.

브랜드 메시지는 소비자의 마음속에 브랜드를 각인시켜 구매행동을 유발하기 위하여 존재한다. 따라서 브랜드 신뢰도를 높일 수 있는 메시지가 더욱 절실하다. 소비자의 심리는 시간이 지남에 따라 변화가 일어나기 때문에 카테고리 디자이너는 소비자가 변화를 일으키는 그 시기를 잘 포착해야 한다. 브랜드 메시지를 적절한 시기에 변화시키지 못할 때에는 새로운 마케팅 기회를 놓치는 것과 다름없다.

밀러 라이트는 시장에 처음 진출할 때 저칼로리 제품이라는 메시지를 담고 있었다. 하지만 저칼로리 맥주를 여자들이 마시는 맥주로 인식하거나 소심한 남자들이 마시는 맥주로 인식하는 소비자들의 고정관념 때문에 초기에 실패할 조짐을 보였다. 이에 밀러 라이트는 저칼로리 브랜드 메시지를 강조하지 않고, '덜 배부른 맥주'라는 이미지 카테고리를 강조해 대처함으로써 맥주 애호가들 사이에서 큰 호응을 받았다. 세븐업도 기존의 브랜드 메시지를 "콜라가 아닙니다(Un-Cola)"로 전환했을 때 비로소 새로운 이미지 카테고리가 형성되어 새로운 수요를 창출할 수 있었다.

해태음료의 써니텐을 기억하는가. 천연과즙 원료로 만든 써니텐은 병 밑바닥에 잔여물이 가라앉았다. 이는 소비자들의 불만을 초래했다. 써니텐은 바닥에 가라앉은 잔여물을 제품의 하자로 여긴 소비자의 불만을 "흔들어주세요"라는 브랜드 메시지로 변경해 사람들의 부정적인 이미지를 단숨에 바꿔버렸다.

소비자와 커뮤니케이션하는 브랜드 메시지는 광고에서 보면 단순한 카피 역할이지만, 그것이 소비자의 기억 속에 자리 잡고 소비자의 마음을 흔들어놓지 못한다면 새로운 기회는 사라진다. 카피 아이디어는 소비자의 마음을 브랜드에 묶어두는 데에 큰 힘을 발휘하며, 소비자의 기억과 회상에도 중요한 역할을 한다. 소비자의 숨은 욕망과 습관을 발견하고, 브랜드 메시지를 개발한 후 그것을 잘 전달해야 한다. 브랜드 메시지에는 소비자의 기대를 담아야 한다.

현재의 마케팅 세계는 너무 복잡하여 브랜드 메시지가 무질서하게 만들어지고 있다. 소비자에게 브랜드 메시지가 난무하고 있다는 느낌을 없애는 방법은 보다 명확하게 브랜드를 이해하고 이를 열정적으로 알리는 것이다. 소비자를 위해 자유로운 상상력과 희망을 재발견하고, 소비자들이 새롭고 앞서가는 편익을 누릴 수 있는 브랜드 메시지를 창조해야 한다. 소비자와의 상호작용을 통해 더 나은 가치를 제공할 수 있는 브랜드 메시지로 변경함으로써 마케팅 찬스를 잡을 수 있다. 소비자의 마음속에 이미 존재하는 브랜드 메시지를 찾아 변경해야 한다. 그때 비로소 소비자 마음속에 브랜드가 각인된다.

1995년에 약물오남용이 사회문제가 되면서 '간장약'이라는 말을 쓰지 못하게 된 우루사는 '피로회복제'로 메시지를 바꾸었다. 하지만 불행히도 매출이 멈추기 시작했다. '피로회복제'로 브랜드 이미지를 바꾸었더니 소비자들은 우루사를 술 먹은 다음 날에야 한두 알 먹는 피로회복제라고 인식하기 시작한 것이다. 우루사 측에서는 고민 끝에 평소에 간을 보호하고 유지해야 한다는 브랜드 메시지를 담아 우루사를 '간 관리제'로 변경했다. 또한 소비자 타깃을 중년 남성에서 젊고 건강한 남성의 이미지로 변화시켰다. "간 때문이야, 간 때문이야"라는 노래를 유행시키며, 평소에도 간 관리제로 우루사를 먹어야 한다는 브랜드 메시지를 강조하면서 매출이 다시 올랐다.

브랜드 메시지가 소비자의 마음을 꿰뚫고 지나갈 때 그들은 변화하고, 그 변화는 새로운 이미지 카테고리를 형성한다. 소비자들은 브랜드 메시지가 일관성 있게 유지되기를 원한다. 더 나아가 그들이 진정으로 만족했을 때, 또 다른 변화를 원한다. 지금 우리 브랜드 메시지가 소비자에게 잘 침투하지 않고, 우리의 목적이 달성되지 않는다면 브랜드 메시지를 재빨리 변경해 새로운 기회를 잡아야 한다.

앱솔루트 보드카는 품질 면에서 다른 보드카와 다를 것이 없다. 하지만 평범한 보드카에 이야기(브랜드 메시지)를 담아 특별한 보드카로 만들었다. 반투명의 병 디자인은 안에 있는 술이 맑아 보이면서도 시원하게 김이 서린 것처럼 보이게 한다. 바로 제품의 이미지를 통한 차별화다. 그리고 그 병을 항상 광고 어딘가에 등장시켜 화제성을 일으켰다. 또한 고급 미술 전시회에 적극적으로 스폰서 활동을 함으로써 앱솔루트 보드카를 프리미엄 제품으로 인식되도록 만들었다.

삼성 애니콜은 '한국지형에 강하다', 'Digital exiting', 'Talk, Play, Love' 등 브랜드 메시지를 끊임없이 변화시켜 소비자의 심리를 포착하며 소비자와 새로운 이미지 카테고리를 유지했다. 최근에는 갤럭시 S, 갤럭시 노트 등을 출시해 큰 사이즈의 스마트폰이라는 카테고리를 새롭게 만들었다.

1990년 초반에만 해도 박카스는 중년층을 위한 음료라는 인식이 강했다. 때문에 기존 표적 소비자 시장이 포화되고 성장이 둔화되어 기존의 소비자에서 젊은 세대로 표적 소비자를 이동할 필요가 있었다. 박카스는 젊은 청년을 광고모

델로 기용하고 "지킬 것은 지킨다"라는 슬로건을 내세웠다. '젊은 날의 선택'이라는 참신한 광고를 통해 젊은 이미지로 변신한 것이다.

1998년에는 대학생 국토대장정 "젊은이는 꿈을 꾸기 때문에 아름답습니다"라는 박카스 정신이 도전, 희망, 자신감, 성취감을 표현해 위기를 찬스로 바꾸었다. 이처럼 박카스는 지속적으로 시장과 표적 소비자를 주시하면서 브랜드 메시지를 변경해 새로운 이미지를 재창출했다.

소비자에게 무의미한 브랜드 메시지라면 마케팅 센스를 발휘해 브랜드 메시지를 바꿔야만 소비자의 기억에 남아 새로운 이미지 카테고리가 만들어질 것이다. 브랜드 메시지 변화를 통해 새로운 이미지 카테고리를 만들어 새로운 수요를 창조하자.

# 카테고리 디자인 전략의 상호관계를 이해하라

## 카테고리 디자인 전략의 4가지 프레임

　변화는 눈 깜짝할 사이를 넘어 빛의 속도로 지나간다. 이런 빠른 세태 변화 속에서 지속적으로 브랜드가 살아남기 위해서는 각 카테고리 간의 연관관계를 중요하게 살펴봐야 한다.
　카테고리는 소비자의 생활 속에서 발견돼야 하며, 브랜드(기업)가 이를 제대로 소화시켜 상품화할 때 새로운 카테고리가 탄생한다. 카테고리 디자인 전략을 세울 때는 하나의 카테고리가 한 사람 한 사람의 생활관계 속에서 어떻게 대응

되는가를 면밀히 살펴봐야 한다. 제대로 세운 카테고리 전략은 새로운 수요를 창조하고, 시장 경쟁구조를 전환시키며 새로운 기준의 척도가 된다. 보다 세부적인 관점에서 카테고리 디자인 전략을 이해하기 위해서는 전략 프레임을 카테고리 콘셉트 방향과 소비자들의 생활습관과 행동의 방향에 따라 구분해야 한다.

소비자의 생활습관과 행동은 사회 지향성 소비와 개인 지향성 소비로 구분된다. 또한 카테고리 콘셉트는 기본 콘셉트와 트렌드 콘셉트로 나눌 수 있다. 이를 통해 앞에서 살펴본 4가지 카테고리 마케팅 전략 프레임을 정리하면 다음 그림과 같다.

| | | 카테고리 콘셉트 | |
| --- | --- | --- | --- |
| | | 기본 콘셉트 | 트렌드 콘셉트 |
| 소비자 소비습관과 행동 | 사회 지향성 소비 | 제품 카테고리 디자인 전략 | 시장 카테고리 디자인 전략 |
| | 개인 지향성 소비 | 가치 카테고리 디자인 전략 | 이미지 카테고리 디자인 전략 |

**카테고리 디자인 전략의 4가지 프레임**

구체적으로 보면 현재의 사회 지향성 소비는 환경 지향, 천연 지향, 전통 지향, 웰빙 지향, 감성 지향, 문화 지향으로 나타나고, 개인 지향성 소비는 건강 지향, 소프트 지향, 개성 지향, 지적욕구 지향, 정보 지향, 미적 지향으로 나타난다.

카테고리의 기본 콘셉트는 그 카테고리가 소비자 생활에 미치는 혁신적인 소재나 제품 특성이 소비자의 관심을 끌어당기는 요소가 있고, 이로 인해 그들의 현재적 니즈와 욕구를 얼마나 만족시키느냐에 의해 드러난다. 즉, 편리성, 기능 강화, 탁월한 효과성 등이 있느냐가 중요하다. 트렌드 콘셉트는 현시대적 감각에 적합하게 접속되어 드러나는 소비자의 잠재적 니즈와 욕구를 유발시키는 것으로 자기표현, 첨단기술, 감성요소, 신기능, 신개념 등이 해당된다. 새로운 카테고리가 만들어지기 위해서는 카테고리의 기본 콘셉트와 트렌드 콘셉트 그리고 소비자 생활습관과 행동에 드러나는 사회 지향성, 개인 지향성의 합치가 필수적이다.

새로운 수요는 소비자들이 새로운 카테고리에 매력을 느껴야 일어난다. 이 수요가 시장 구조의 패러다임을 이동시킬 때 새로운 카테고리가 성공적으로 생성된다. 이를 위해서는 첫째, 소비자 및 시장동향을 파악할 수 있도록 시장현장에 고감도 안테나를 세우고 있어야 한다. 둘째, 숨겨진 소비자의 욕구를 발견하고 그것을 카테고리화시키기 위해서 작은 아이디어라도 놓치지 말아야 한다. 셋째, 자사만의 독특한 기술을 활용하여 경쟁사와 차별화하고, 경쟁사보다 먼저 실행해야 한다.

## 4가지 프레임의 이해

시장 카테고리는 소비자와 기업(브랜드)에게 엄청나게 큰 효과가 있다. 이 카테고리는 기존 카테고리와는 다른 마케팅 원리에 기반을 두고 있으며 완전히 새로운 카테고리를 만들어내고 소비자로부터 새로운 행동을 이끌어낸다. 또한 기존 카테고리에 속한 브랜드에게는 거대한 도전이 된다.

제품 카테고리는 소비자 행동에 큰 변화를 가져오지만 카테고리에 필요한 핵심역량과 브랜드 자산은 기존 카테고리가 사용하는 것과 크게 다르지 않다. 제품 카테고리는 기존 카테고리의 역량에 바탕을 둔 개선의 의미에 가깝다. 따라서 좀 더 잘할 수 있는 카테고리다. 시장 자체에 별다른 변화가 없지만 경쟁구도에 큰 변화를 가져온다.

가치 카테고리는 소비자에게 제공되는 현재의 가치를 확장한 것이다. 즉, 제품(서비스)에 일부 변화를 준다. 이때 이 카테고리에 필요한 역량이나 자산이 바뀌지 않기 때문에 기존 카테고리의 브랜드의 지위가 더 강화되는 경향이 있다.

이미지 카테고리는 미래의 새로운 시장에 바탕을 둔 카테고리로 소비자 개개인에게는 근본적인 인식의 변화를 일으킨다.

실제로 모든 카테고리가 시장 카테고리는 아니다. 새로운 카테고리가 시장 카테고리가 되기 위해서는 다음 두 가지 조건을 충족시켜야 한다. 첫째, 카테고리가 기존 소비자의 습관과 행동에 변화를 가져올 수 있는 새로운 콘셉트를 제시해야 한다. 둘째, 새롭게 창조된 카테고리는 기존 카테고리들이 성공의 일환으로 삼았던 핵심역량이나 브랜드 자산을 무력화시킬 수 있어야 한다.

그래서 새로운 카테고리는 궁극적으로 시장 카테고리를 창출해야 하며 이것이 새로운 수요를 만들어낸다. 기존 카테고리의 대표 브랜드는 시장 카테고리의 발상 자체가 어렵다. 시장 카테고리에 필요한 능력과 태도(mind set)를 가지고 있지 않기 때문에 새로운 시장 카테고리를 창조하는 데 적합하지 않다.

실제적으로 시장 카테고리가 소비자 니즈와 욕구에서 나오는 경우는 드물다. 이는 전 세계 곳곳에서 독립적으로 프로젝트를 수행하는 괴짜 마케터에 의해 만들어질 가능성이 높다. 즉, 중심 시장의 가장자리에서 우연히 밀려오거나, 아무것도 일어나지 않은 긴 숙성시간을 거쳐 갑자기 세상에 튀어나오는 경우가 많다. 기존 카테고리의 소멸과 성공 주기 역시 변화의 속도에 발맞춰 진행되기 때문에 카테고리의 변화를 예측하기란 대단히 어렵다. 그러므로 브랜드를 생존시키기 위해서는 카테고리의 지속적인 확장이 필요하다.

청바지를 중심으로 한 패션 브랜드인 디젤은 카테고리 확장을 통해 메가 브랜드(mega brand)로의 성장을 꾀하고 있다. 디젤의 하위 브랜드인 향수는 '디젤 퓨엘 포 라이프(Diesel Fuel For Life)', 즉 삶을 위한 연료라는 콘셉트를 내세워 의류라는 카테고리와 연관성이 떨어져 보이는 단점을 완벽하게 보완했다. 엄밀히 말해 패션은 생활필수품이라기보다는 삶에 활력을 불어넣고 자신을 매력적으로 가꿔주는 윤활유 쪽에 더 가깝다.

디젤은 또 새로운 카테고리를 만들어냈는데 이는 '와인'이다. 디젤 팜이라는 프로젝트를 진행하여 로소 디 로소, 비앙코 디 로소, 네로 디 로소 등 3종의 와인을 출시했다. 패션은 옷과 액세서리의 개념을 넘어 새로운 라이프스타일을 제공하며 생활 전반에 걸쳐 다양한 영향을 미치고 있다.

## 카테고리의 흥망성쇠

제품과 브랜드가 분화된 시장에서는 단품 위주의 마케팅보다는 카테고리 마케팅이 훨씬 유리하고 또 장기적이다. 브랜드의 목적은 제품을 차별화하기 위한 것이기 때문에 브랜드의 운명도 이 카테고리의 흥망성쇠와 함께한다. 소비자와 시장의 급속한 변화로 인해 카테고리 자체도 성장하는 것과 사라지는 것, 그리고 새로이 탄생하는 것으로 나뉘며, 브랜드는 카테고리와 운명을 같이한다.

브랜드 아이덴티티가 성공하려면 제품 자체와의 연관성이 중요하다. 하지만 브랜드 아이덴티티가 지나치게 하나의 카테고리에 몰입되면 이로 인해 얻는 이익만큼 손해도 무시할 수 없다. 코카콜라가 세계 최고의 브랜드 가치를 가지고 있는 것은 누구나 아는 이야기다. 하지만 이는 어디까지나 '콜라'라는 카테고리 안에서의 가치일 뿐이다. 브랜드 아이덴티티가 지나치게 콜라라는 음료의 성격에 매몰되어 있는 것이다. 아무리 브랜드가 강력한 힘을 갖고 있다 하더라도 브랜드 자체의 확장성이 없으면, 카테고리가 사라질 때 브랜드도 함께 사라질 수밖에 없는 운명이다.

2007년 10월 8일자 〈에드버타이징 에이지(Ad. Age)〉에 기고한 '제품의 카테고리를 먼저 고민한 다음에 브랜드를 생각하라'라는 글에서 마케팅 전략가 알 리스는 "브랜드는 빙산의 일각이다. 빙산이 얼마나 크고 깊은지에 따라 그 브랜드가 얼마나 강력한지를 결정한다. 빙산은 바로 카테고리다. 만약 빙산이 녹아 사라진다면 브랜드 역시 사라질 것이다"라고 카테고리의 중요성을 강조했다.

이렇게 빙산이 녹아버린 불행한 사례로 필름과 카메라로 유명한 '이스트만 코닥'을 들 수 있다. 코닥은 필름 사진 시장에서 1등 브랜드였다. 이러한 리딩 브랜드의 가장 큰 맹점은 자신의 시장 카테고리에서 이미 일등의 입지를 닦아놓았기 때문에, 다른 카테고리로 진입할 고민을 하지 않거나 카테고리의 변화에 대응할 수 있는 기회를 놓치기 쉽다는 것이다. 코닥 역시 핵심 카테고리인 필름에만 집중하다가 디지털카메라의 출현과 함께 급격한 몰락을 맞이했다. 변화의 시대에 새롭게 부상하는 카테고리에 융통성 있게 반응하지 못하는 것이 기존 카테고리를 지배하고 있는 1등 브랜드들의 치명적 약점이다.

코닥처럼 카테고리의 변화에 따라 몰락할 가능성이 있는 유력한 브랜드로 코카콜라를 들 수 있다. 웰빙 트렌드 물결을 타고 탄산음료를 선호하는 소비자들이 점점 줄고 있으며 이러한 현상은 앞으로 더욱 심화되고 지속될 것이다. 그래서 음료 시장에서 '콜라' 카테고리의 점유율이 떨어지고 있다. 이에 코카콜라는 '비타민워터'라는 새로운 브랜드를 통해 새로운 카테고리를 만들고자 했으나, 지금까지 비타민워터의 판매량을 봤을 때 새로운 카테고리를 만들어낼 정도의 힘은 없는 것으로 보인다.

또 하나의 브랜드로는 말보로를 들 수 있다. 말보로맨으로 상징되는 브랜드 아이덴티티를 바탕으로 강력한 브랜드 가치를 지닌 말보로지만, 전 세계적으로 급격히 낮아지는 흡연율과 더욱 강력해진 흡연 규제로 인해 어느 날 우리 곁에서 사라질 수도 있다.

## 카테고리 확장 전략

각각의 카테고리에서 당당히 1위 자리를 지키고 있는 브랜드라 하더라도 무조건 브랜드 파워에 의지하기보다는 언제라도 카테고리를 확장할 수 있거나 새로운 카테고리를 찾아 움직일 수 있는 여지를 마련해놓아야 한다. 지나치게 카테고리와 밀접해 있는 브랜드 아이덴티티보다는 카테고리 확장성에 대한 노력이 더 필요하다.

이탈리아의 슈퍼카 브랜드인 람보르기니의 카테고리 확장은 장기적인 전략으로 보기에 충분하다. 람보르기니는 토

리노 람보르기니라는 브랜드를 만들어 커피, 패션, 가구 등으로 카테고리를 확장했다. 람보르기니를 탈 정도의 소비자들을 다른 카테고리로 끌어들이려는 전략이다.

이처럼 미래 브랜드 마케팅에 있어서는 브랜드 자체보다도 브랜드를 활용한 카테고리 관리가 더욱 중요하다. 이를 잘 보여주고 있는 기업이 바로 **GE**(General Electric)이다. **GE**는 금융, 발전, 가전 등 거의 모든 영역에서 카테고리 사업을 펼치고 있다. 지나친 다각화라는 비난도 있지만, **GE**가 **100**년 이상 장수할 수 있는 비결은 카테고리의 다양성에 있다. 세상이 변화하고 그로 인해 다수의 카테고리가 소멸한다 하더라도 **GE**는 건재할 것이다. 기업과 브랜드의 수명이 점차 짧아지고 있는 지금 **GE**처럼 '카테고리 포트폴리오' 전략을 통한 미래 브랜드 마케팅은 큰 수익으로 이어지며, 미래의 다양한 카테고리 변화에 대응할 수 있다는 이점을 지닌다.

카테고리의 확장은 하나의 카테고리에서 확실한 성공을 거둔 브랜드가 메가 브랜드로 성장하기 위해 브랜드 자체의 퍼스낼리티를 전략적으로 선택해 새로운 카테고리로 진출하는 것을 의미한다. 이는 과거의 궁여지책으로 선택한 카테고리 확장이 아니라, 장기적인 계획을 가지고 자발적으로 선택한 전략적인 대안이다.

카테고리 확장은 파워 브랜드로서 하나의 카테고리를

장악한 최전성기 때 하는 것이 좋다. 그래야만 새롭게 진출한 카테고리도 소비자들을 쉽게 끌어들일 수 있다. 전성기를 구가하고 있는 독일 자동차 브랜드들의 카테고리 확장은 어느 정도 희망적이라고 볼 수 있다.

파워 브랜드는 당연히 소비자들의 관심을 쉽게 끌어모을 수 있다. 그렇기 때문에 이 브랜드 이미지로 카테고리를 확장한다면 미국이나 일본의 자동차 브랜드보다 훨씬 적은 노력으로 성공을 불러올 수 있다. 이처럼 전략적인 선택으로서의 카테고리 확장은 브랜드의 영향력이 큰 시점, 특정 카테고리에서 강력한 파워 브랜드를 자랑할 때 실시해야 한다.

카테고리 확장을 한다고 해서 모두 성공할 수 있는 것은 아니다. 카테고리 확장을 통한 브랜드의 성장에 있어서 중요한 것은 지속성이다. 지속성이란 카테고리 확장을 지속적으로 유지할 수 있는지의 여부를 뜻한다. 이는 곧 기업의 확장에 대한 의지와 새롭게 확장한 카테고리에 기존 브랜드가 얼마나 잘 안착할 수 있는지의 여부를 말한다.

지속적인 카테고리 확장을 보여주는 사례는 포르셰다. 포르셰는 '포르셰 디자인랩'을 갖고 있는데, 이곳에서 하는 주된 업무는 포르셰 브랜드의 가치를 여러 다른 업체들과 연합해 카테고리를 확장하는 것이다. 예를 들어 커피 메이커 같은 경우, 독일의 가전 브랜드인 보쉬가 제조를 담당하고 포르셰가 브랜드와 디자인을 담당한다. 이 시스템을 통해 포르셰는 커피 메이커, 필기구, 가방, 안경, 심지어 휴대전화까지 다양한 카테고리로 브랜드를 확장해나가고 있다.

이처럼 다양한 카테고리의 확장에 있어서 반드시 자신들이 직접 모든 제품의 제조를 맡을 필요는 없다. 브랜드 전략과 마케팅을 직접 추진하고 제공하는 믿을 만한 새로운 파트너에게 제조를 맡기는 것도 좋은 방법이다. 예를 들어 청바지를 만들던 디젤이 와인사업을 위해서 농장을 구매하는 등의 제조까지 직접 맡으려고 한다면 시간과 비용 낭비는 물론, 새로운 카테고리의 초기 시장 진입 비용도 커질 수밖에 없다. 게다가 처음 접하는 카테고리이기 때문에 품질력이 일정 수준에 오르기까지 상당한 시간이 걸릴 것이다.

## 새로운 카테고리와 브랜드 퍼스낼리티의 관계

브랜드 확장과 관계된 부분은 새로운 카테고리가 브랜드의 퍼스낼리티에 얼마나 잘 부합하는지에 관한 문제다. 새로운 카테고리의 확장 여부는 브랜드가 속한 카테고리의 유동성과 연관이 깊지만, 새로운 카테고리에서의 성공 여부는 브랜드와 카테고리와의 궁합과 큰 관계가 있다.

투미(Tumi)는 1975년 창업주 찰리 크로포트가 페루 봉사단 시절에 알게 된 그 지역의 '의학의 신' 이름에서 따온 것이다. 원래는 남미와 유럽에서 가죽을 전문적으로 수입하는 업체였지만, 1985년부터 자체 브랜드인 투미를 론칭하며 이를 기점으로 기능성을 갖춘 명품 가방 브랜드로 인정받기 시작했다.

투미가 주목을 끈 것은 업계 최초로 방탄 나일론 가방을 출시했기 때문이다. 이러한 내구성은 많은 물건을 담는 여행 가방에 적합한 제품력이었다. 당연히 투미의 브랜드 콘셉트는 비즈니스 트래블러였다. 투미는 '비즈니스 여행을 하는 사람'이라는 구체적이고 차별화된 타깃과 콘셉트로 여행 가방과 노트북 가방 등의 카테고리에서 분화해 큰 성공을 거두었다. 비즈니스 카테고리에 맞는 투미만의 차별화된 특성, 즉 '투미 추적 장치' 덕분에 투미는 강력한 브랜드가 되었다. 하지만 '낭만적인 여행이 아닌 비즈니스 여행'이라는 투미의 이미지는 지나치게 남성적이었다. 그렇기 때문에 브랜드를 확장할 경우 남성적인 카테고리의 확장이 당연했다.

2007년 가을 투미는 큰 실수를 하게 된다. 기존의 남성적인 카테고리와는 전혀 다른 고급화된 여성 가방을 론칭한 것이다. 로고를 보지 않고서는 투미 브랜드의 제품이라는 것을 알 수 없을 정도로 기존의 투미와는 차별화된 패셔너블한 디자인의 가방이었다. 하지만 결과는 그다지 성공적이지 못했다.

질레트는 P&G의 면도기 브랜드다. 면도기와 면도날 마케팅의 주인공이기도 한 질레트는 일회용 면도기 시장에서 압도적인 시장점유율을 보이고 있는 면도기 카테고리의 최강자다. P&G의 면도기 사업부는 자신들의 목표는 경쟁 브랜드를 제압하는 것이 아니라, 기존 질레트 사용자들을 보다 업그레이드된 자신들의 신제품 사용자로 끌어올리는 것이라고 말할 정도로 자신감에 충만해 있다. 최근에는 면도기 카테고리에서 벗어나 다양한 카테고리 공략의 일환으로 샴푸 출시는 물론, 데오도란트와 헤어젤 등의 남성용품으로 카테고리를 확장했다.

하나의 강력한 브랜드에서 카테고리를 확장할 경우, 소비자의 입장에서 새로운 카테고리가 기존의 카테고리와 연관성을 가질 수 있는 인사이트를 발견하고 이를 다각화할 수 있는 요소가 있는지를 파악하는 일은 매우 중요하다.

샘소나이트는 여행가방의 대명사다. 전 세계 여행 시장의 50퍼센트를 차지하고 있는 샘소나이트는 성경에 등장하는 삼손처럼 튼튼하고 실용적인 가방을 대표한다. 샘소나이트 역시 카테고리 확장을 통해서 파워 브랜드를 넘어 메가 브랜드로의 성장을 꾀하고 있다.

특이한 점은 그들의 확장 방향이다. 보통 성공적인 확장은 '위에서 아래로의 확장'이 대부분이다. 예를 들면 고급브랜드인 아르마니가 상대적으로 저렴한 브랜드인 아르마니 익스체인지로 캐주얼 의류 시장이라는 새로운 카테고리를 공략한 것처럼 말이다. 아니면 비슷한 레벨의 다른 카테고리로 진출하는 '수평 확장'이 대부분이다. 하지만 샘소나이트는 특이하게 '아래에서 위로'라는 특이한 방향의 확장을 시도했다. 샘소나이트는 여행가방의 대명사이기는 하지만 루이비통이나 샤넬처럼 최고급 레벨은 아니다. 하지만 품질에 있어서는 어떤 브랜드에도 뒤지지 않으며, 바로 이러한 점을 무기로 위로의 확장을 시도한 것이다.

2006년 보다 고급스러운 카테고리 공략을 위해서 샘소나이트는 최고급 핸드백 업체인 램버슨 트룩스와 파트너십을 체결했다. 이를 통해 럭셔리 카테고리에 한발을 뗀 것이다. 샘소나이트는 2005년에는 퀜틴 맥케이를 수석디자이너로 영입해 프리미엄 브랜드인 샘소나이트 블랙레이블을 론칭했으며, 럭셔리 패션 카테고리로의 확장을 위해 창립 95주년 만에 처음으로 실용성과 내구성을 강조한 고유 이미지에서 벗어나 소용돌이 모양의 심벌로 로고를 교체했다. 한국시장에는 2006년 청담동이라는 고급 소비의 중심지에 프랑스의 유명 건축가인 니콜라스 기오의 작품으로 매장을 오픈하는 것으로 럭셔리한 이미지를 표현했다.

널리 인정받은 제품력에 디자인적인 가치를 보강한 샘소나이트는 서서히 고급 패션 카테고리를 점령했다. 이 확장과 더불어 편안한 여행자용 고급 신발과 시계, 선글라스와 같은 수직적인 카테고리 확장도 동시에 진행하고 있다. 그들의 이러한 다양한 브랜드 카테고리 확장은 우려와 달리 비교적 성공을 거두고 있다.

푸마가 블랙스토어 브랜드를 통해 고급 브랜드로 확장한 것도 아래에서 위로의 확장이다. 푸마는 새로운 시도를 통해 기존의 스포츠 카테고리 안에서 패션 스포츠라는 새로운 카테고리를 찾아냈다.

하지만 마이너 주자였던 푸마가 패션 스포츠라는 브랜드와 연관성을 갖고 있었던 것은 아니다. 푸마라는 브랜드가 기존 시장에서 소비자들에게 강하게 어필하고 있는 것도 아니었다. 패션이라는 성격을 갖추고 있지도 않았다. 이렇게 어려운 상황을 극복하고 '패션 스포츠'라는 카테고리를 공략하기 위해 푸마는 유명 패션 디자이너와의 제휴를 감행했다. 처음으로 그들과 손을 잡은 디자이너는 독일의 유명한 질 샌더였다.

제휴를 통한 카테고리 확장은 일석이조의 결과를 가져온다. 디자이너 입장에서는 기존의 고급시장에서 대중시장으로 진입하여 매출 규모를 키울 수 있다. 반면 브랜드 입장에서는 유명 디자이너의 힘을 빌려 그의 유명세와 고급스러운 이미지를 통해 상위 카테고리로 진출이 원활해진다. 제휴를 통한 카테고리 확장은 여러모로 효과적인 카테고리 확장 방법이 될 수 있다. 제휴는 투자비용을 낮춰주고 카테고리에 대한 노하우를 전수받을 수 있다는 장점을 지닌다.

## 카테고리 확장의 의사결정

카테고리의 확장은 새로운 카테고리로 시장을 확대하는 전략이다. 기존 브랜드 파워를 통해 새로운 시장 기회를 창출하는 것이다. 이는 주로 시장 카테고리 전략의 프레임에서 이루어지는 경우가 대부분이다. 기업은 성장을 위한 발판으로 기존 브랜드의 성공을 이용한다. 그래서 새로운 카테고리로 확장을 시도할 때 현재의 브랜드 포지셔닝을 정확히 파악하고, 소비자 관점에서 카테고리의 확장 방향을 결정하는 것이 중요하다.

시장 카테고리, 제품 카테고리, 가치 카테고리, 이미지 카테고리 등 4가지 프레임 중에 어느 방향에서 새로운 카테고리로 진출할 것인가를 결정하는 것이 특히 중요하다. 자칫 잘못된 결정을 내린다면 현재의 브랜드까지 함께 몰락하는 위험을 감수해야 한다. 카테고리를 확장시킬 때 브랜딩 전략을 어떻게 결정하느냐가 새로운 카테고리에서의 승패를 결정하는 요인이 된다. 그래서 4가지 카테고리 간의 상호관계를 시장 관점, 소비자 관점, 경쟁 관점, 자사 관점에서 강약점을 정확히 파악하고 신중하게 검토해 결정해야 한다.

# 지속가능한
# 마케팅 전략의
# 원칙

## 디자인 프레임의 전략적 선택

오늘날 마케팅의 최대 관심사는 '최초'가 더 중요한가 아니면 '최선'이 더 중요한가에 대한 논쟁이다. 다윈의 적자생존 법칙은 대부분의 기업에서 마케팅의 핵심요소로 받아들여진다. 카테고리 디자이너들은 '우리 브랜드가 최고임을 확신시키는 것이야말로 최선이다'라는 신념을 갖고 있다. 반면에 카테고리 디자이너들은 '최초'라는 생존개념에 대해서는 그렇게 중요하게 생각하지 않는 경향이 있다. 왜냐하면 소비자들은 어느 것이 최초인지에 대해서는 관심이 없고, 어느 것이 더 좋은지에 대해서만 신경을 쓰기 때문이다.

코카콜라, 칠성사이다, 하이트 맥주, 딤채, 백세주, 크리넥스, 아이팟, 자일리톨 껌을 사는 이유도 다른 제품보다 더 좋기 때문이다. 그러나 소비자가 어느 것이 더 좋은지를 결정하는 기준은 무엇인가? 제품의 품질인가, 아니면 제품 품질에 대한 인식인가? 조사결과에 따르면 그것은 인식이다. 즉, 사고의 프레임이다.

소비자 사고의 프레임은 브랜드를 구매할 때 매우 중요하기에 카테고리에 대한 인식이 필요하다. 앞에서 기술한 카테고리 디자인 전략에서 프레임을 시장 카테고리, 제품 카테고리, 가치 카테고리, 이미지 카테고리로 구분해 이해했지만, 실제로 새로운 카테고리를 발견할 때 우리의 입장에서 어떤 전략을 선택할 것인가는 매우 중요하다. 전략 선택이 잘못되었을 때에는 실제적인 소비자 수요가 창조가 되지 않고, 실패의 구렁텅이로 빠지는 실수를 하게 된다. 카테고리 디자이너는 이 사실을 인지해야 한다. 우리는 최초의 브랜드를 개발하는 것이 아니다. 기존 카테고리를 이용해 새로운 카테고리를 창조하는 것이다.

델컴퓨터 브랜드의 성공요인은 무엇이었을까? 델컴퓨터와 거래하면 혜택이 많다고 설득한 엄청난 양의 광고 때문이었을까? 아니면 델컴퓨터가 PC 구입의 새로운 방법을 고안

해냈기 때문이었을까? 델컴퓨터는 PC 구입의 새로운 가치 카테고리를 보여주었기 때문에 성공할 수 있었다.

코카콜라 브랜드의 성공요인은 무엇이었을까? 코카콜라를 마시면 이런저런 혜택이 많다고 설득하는 막강한 광고 때문이었을까? 아니면 코카콜라가 콜라 카테고리의 개척자라는 사실 때문이었을까? 당연히 새로운 카테고리를 창조했기 때문이었다. 카테고리의 창조는 브랜드 개발의 핵심이다.

새로운 카테고리는 항상 기존의 카테고리에서 탄생된다. 그 기존의 카테고리가 시장인가, 제품인가, 가치인가, 이미지인가를 먼저 판단해야 한다. 카테고리의 통합은 브랜드 개발을 방해한다. 기존의 카테고리 두 개를 묶어서 하나의 새로운 카테고리를 만들 수 있겠는가? 새로운 카테고리는 하나의 기존 카테고리에 발생될 때 유효한 것이지 통합되어 이루어지지 않는다. 복합적인 상품이 실패하는 원인도 바로 여기에 있다.

만일 두 개의 카테고리를 결합한다면 그 브랜드는 어느 한쪽의 카테고리에서 따온 경우가 많을 것이다. 그러면 새로운 브랜드가 나올 기회는 없다. 만일 카테고리 통합이 마케팅 세계를 움직이는 원동력이라고 한다면 시간이 흐를수록 카테고리의 수는 줄어들 것이고, 이에 따라 브랜드의 수도 줄어들고 자연스럽게 경쟁도 줄어들 것이다.

이것은 미래 마케팅의 현실적인 전망이 아니다. 마케팅의 세계는 시간이 갈수록 복잡, 다양해진다. 마케팅은 심리에 기반을 두고 있기에 단순해지지 않는다. 세월이 흐를수록 항상 더 많은 카테고리, 더 많은 브랜드가 생겨나고 경쟁 또한 더 치열해진다.

'비타 500'은 비타민 음료 시장을 잘 따라왔기 때문에 대형 브랜드가 된 것이 아니다. 비타민 음료 시장이라는 것은 애초에 있지도 않았다. '비타 500'이 대형 브랜드가 된 것은 새로운 카테고리를 창조했고 이 새로운 카테고리를 '비타민 음료'라고 이름 붙였기 때문이다. 딤채도 냉장고 시장을 잘 따라왔기 때문에 대형 브랜드가 된 것이 아니다. 김치 냉장고 시장은 실제로 존재하지도 않았다. 딤채가 이 새로운 카테고리를 창조했고, 이 시장의 카테고리에 '김치 냉장고'라고 이름을 붙였기 때문에 성공할 수 있었다.

그렇다면 이 새로운 시장들은 어떻게 창조되었나? 말할 것도 없이 기존 카테고리에 의해서다. 김치 냉장고는 이후에도 화장품 냉장고, 와인 냉장고, 담배 냉장고 등으로 분화되고 있지만 이들이 새로운 카테고리로서 시장을 형성하는 데에는 시간이 걸릴 것이다.

실제로 대부분의 새로운 브랜드 마케팅의 성공은 새로운 카테고리 또는 새로운 시장의 창조라는 핵심적 요인을 언

카테고리 디자인 전략이란 무엇인가? **145**

급하지 않는다. 대신 브랜드에 대한 관심을 불러일으키기 위해 벌인 온갖 재미난 사례들만 언급한다. 이것은 카테고리 디자인이 아니다. 시장 마케팅, 제품 마케팅, 브랜드 마케팅 이라는 기존의 사고 개념을 사라지게 만들어야 새로운 카테고리 디자인의 관점이 생긴다.

나이키를 예로 들어보자. 나이키의 성공비결은 무엇인가? 사람들은 마이클 조던을 고용해 수백만 달러를 들여서 "Just do it!"이라는 광고를 했기 때문에 나이키가 성공했다고 말한다. 그러나 정말 그러한가? 나이키가 등장하기 이전에 미국의 10대들은 일반 운동화를 신었다. 나이키가 했던 일은 '체육선수용 신발(sport shoes)'이라는 새로운 카테고리를 점령했기 때문이다. 새로운 브랜드 성공은 새로운 카테고리를 창조하는 능력에서 나온다.

대부분의 기업들은 경쟁에서 이기기 위해 광고, 이벤트, 판매촉진 등에 많은 돈을 쏟아붓는다. 그리고 나서 더 좋은 브랜드가 승리하기를 빌 뿐이다. 그러나 이것은 환상이다. 공상에 불과하다. 일상적으로 소비자를 만족시킨다는 것만으로는 충분하지 않다. 궁극적인 수준이 될 때까지 소비자를 만족시켜야 한다. 그렇다고 해서 그것이 전부는 아니다. 전체의 절반에 불과하다. 모든 브랜드는 끊임없는 개선을 통해 스스로 진화해야 한다. 분화가 먼저고 진화는 그 다음이다. 이것이 자연의 순리다. 기업들은 우선 어떻게 브랜드를 창조할 것인가에 더 많은 신경을 기울인다. 브랜드를 올바로 창조해 놓으면 무너지지 않는 브랜드 포지셔닝을 구축할 수 있다고 믿는다. 브랜드는 카테고리 있고 난 다음이다. 카테고리가 먼저이고 브랜드는 그 다음임을 잊지 말아야 한다.

## 카테고리 대체 시스템의 개발

앞으로 어떤 경쟁력 있는 브랜드가 나와서 델, 코카콜라, 맥도날드, 스타벅스를 따라잡을 것인가? 이 브랜드들은 새로운 카테고리를 창조한 브랜드들이다. 모든 생명에는 생로병사가 있듯이 브랜드도 마찬가지다. 아무리 새로운 카테고리라고 해도 영원할 수는 없다. 브랜드가 죽는 이유는 소비자를 만족시키지 못해서가 아니라 카테고리가 죽기 때문이다. 그래서 새로운 카테고리를 창조해야만 경쟁적 우위가 있는 브랜드가 탄생된다.

장기적으로 볼 때 모든 기업은 죽어가는 브랜드를 새로운 카테고리에서 개발한 신규 브랜드로 대체하지 못할 때 사람들의 기억 속에서 사라진다. 소비자 관리 프로그램에 투자하는 것도 중요하지만, 카테고리 대체 시스템을 개발하기 위해서도 브랜드는 시간과 에너지를 투자해야만 한다. 영원히 존재하는 카테고리는 없다. 사람의 욕구는 항상 새로움을 요구하기 때문이다.

새로운 브랜드 탄생의 최대 관건은 새로운 카테고리에 있다. 자연계와 달리 시장에서의 카테고리는 환경적 조건에 반응해 분화하지 않는다. 시장분화는 소비자가 어떤 브랜드를 지속적으로 사용함으로써 발생하는 새로움에 대한 요구다. 여기에서 타이밍이 결정적으로 중요하다. 기업은 새로운 브랜드를 통해 새로운 카테고리를 개발하는 것을 원치 않을 수도 있다. 그것은 기존의 카테고리를 폐기처분해야 한다는 불안감 때문이다. 경쟁사가 새로운 카테고리를 먼저 개발해버리면 어떻게 할 것인가. 그러면 아무리 선도자라 할지라도 시장에서 퇴출되고 만다. 그것이 적자생존이다. 언제나 기존 카테고리는 새로운 카테고리를 시기적절하게 찾아야 한다. 이것만이 지속가능한 마케팅 전략의 원천이다. 마케팅 독창성의 근본이다.

마케팅 세계에 늘 적자생존의 원리만 적용되는 것은 아니다. 자연계와는 달리 마케팅 세계에서는 제2의 회생기회를 가질 수 있다. 자사의 브랜드가 최초가 아닐 경우 선도자의 반대편에 자리를 잡음으로써 제2의 강자가 될 수도 있다. 더페이스샵은 화장품 시장에서 완벽한 후발주자였다. 그러나 새로운 브랜드로 저가 화장품 시장을 만들었기에 성공했다. 저가 화장품이라는 새로운 카테고리 브랜드로서 소비자에게 인식되었기에 경쟁에서 성공할 수 있었다.

소비자는 카테고리를 먼저 인식하고, 브랜드를 인식한다는 사실을 언제나 잊지 말아야 한다. 이것이 카테고리 마케팅에서 변치 않는 영원한 진리다. 우선 새로운 카테고리를 소비자의 의식에 각인시켜야 한다. 그리고 그 각인의 순간에 자사의 브랜드가 존재해야 한다.

항상 대체 카테고리에 대한 시스템 개발을 고려해야 한다. 20년 전만 하더라도 햄버거를 비롯한 패스트푸드에 대한 거부감이 없었다. 오히려 미국적이면서 세련된 신세대의 음식으로 받아들였다. 그때에는 패스트푸드가 새로운 카테고리였다. 하지만 사람들이 웰빙에 관심을 보이고, 트랜스 지방을 경계하기 시작하자 패스트푸드는 속칭 '정크푸드'로 전락했다. 이 트렌드의 변화는 기존에 성공을 거둔 카테고리(패스트푸드, 청량음료, 분유 등)들을 잠식시키는 결과를 초래했다.

반면에 건강음료, 유기농식품 등은 이러한 변화의 덕을 본 대표적인 대체 카테고리이자 새로운 시장 카테고리다. 만약 A라는 청량음료 카테고리에 파워 브랜드가 있다고 가정해보자. 청량음료 카테고리가 안정적으로 존재하는 한 A브랜드는 어떠한 브랜드와의 싸움에서도 승리를 거둘 수 있다.

하지만 청량음료 카테고리가 죽는다면 A라는 브랜드는 이내 사라지고 말 것이다.

2008년 말 '이제는 파스타헛입니다'라는 '파스타헛' 광고를 기억하는가. 이는 피자 카테고리의 파워 브랜드 중 하나였던 피자헛이 새롭게 내놓은 메시지 광고였다. 피자헛이 파스타 메뉴의 매출 비중을 높이기 위해 일종의 충격요법을 활용한 프로모션이었다. 명동, 홍대, 종각역점은 한 달 동안 아예 파스타헛으로 간판을 바꿔 달기도 했다. 피자헛에서도 파스타를 판다는 걸 알리기 위한 일종의 충격 마케팅으로 세 곳의 매장에서 한 달간 시행했다. 그러나 결과는 실패였다.

그런데 영국의 피자헛은 아예 기업명을 파스타헛으로 바꿨다. 이렇게 바꾼 이유는 브랜드 자체의 문제라기보다는 피자라는 카테고리의 대체 카테고리가 필요했기에 때문이다. 전 세계적인 웰빙 트렌드로 인해 큰 피해를 본 대표적인 카테고리 중 하나가 피자다. 카테고리의 규모 자체가 줄어든 것은 물론이고, 브랜드의 가치도 떨어졌다. 매출과 영업이익이 점점 떨어지자 피자헛은 그 원인이 피자라는 카테고리에 있다는 것을 발견했다. 피자헛은 피자라는 기존 카테고리를 대체할 수 있는 아이템을 고민하지 않을 수 없었고, 그러다 웰빙 트렌드에 부합하는 파스타를 새로운 카테고리로 발견했다. 이탈리아 사람들이 건강한 이유가 와인과 토마토를 자주 먹기 때문이라는 사실이 밝혀지면서 토마토소스로 만든 파스타가 소비자들의 사랑을 받고 있다는 사실에서 착안한 선택이었다. 파스타헛은 트렌드에 맞게 카테고리를 갈아타보려는 피자헛의 몸부림이다.

특정 카테고리에서 강세를 보이는 선두 브랜드들이 생존하기에 미래의 마케팅 환경은 점점 불리한 방향으로 흐르고 있다. 그렇기 때문에 많은 브랜드들이 새로운 카테고리로 갈아타거나 확장을 시도하는 것이다.

## 카테고리 유동성의 유혹

하나의 카테고리에서 성공을 거둔 브랜드가 기존의 카테고리를 벗어나 새로운 카테고리에서도 성공을 하기 위해서는 기존 브랜드 자체도 폐기해야 한다. 많은 브랜드들이 어설프게 새로운 카테고리 시장에 진입하려고 기존 브랜드를 그대로 가져가려 하는데 그 정도의 전략으로는 절대 성공할 수 없다.

미래 시장은 카테고리와 카테고리 간의 경쟁으로 발전할 것이다. 카테고리의 흥망성쇠가 빠르게 교차하는 급격한 변화의 시대가 된 것이다. 이러한 변화는 더욱 가속화될 것이므로 과거처럼 마케팅을 하는 것은 위험하다. 영원히 안정성을 유지할 수 있는 카테고리는 이제 존재하지 않는다. 현재 굳건히 지키고 있는 브랜드라 하더라도 그 카테고리가 언제 파괴될지 모르는 위험성이 곳곳에 도사리고 있기 때문이다. 카테고리 전쟁에서 이길 수 있는 방법은 바로 카테고리 유동성에서 찾을 수 있다. 브랜드 이름 안에 카테고리가 있으면 카테고리의 유동성은 떨어진다.

브랜드 이름과 함께 슬로건도 카테고리 유동성에 중요한 역할을 한다. 혼다와 BMW는 모터사이클과 자동차의 카테고리에서 파워 브랜드다. 모터사이클 카테고리의 혼다는 '꿈의 힘(The power of dream)'이라는 브랜드 슬로건을 내걸었고, 자동차 카테고리의 BMW는 '궁극의 드라이빙 머신(The Ultimate Driving Machine)'이라는 브랜드 슬로건을 걸었다.

그러나 브랜드를 통한 카테고리의 확장은 카테고리 마케팅에서 절대 허용하면 안 된다. 그 브랜드가 메가 브랜드일지라도 큰 위험성이 있다. 하나의 카테고리에는 하나의 브랜드만 있을 뿐이라는 진리를 쉽게 생각하지 말아야 한다. 일시적인 성공은 있더라도 장기적인 성공은 있을 수 없다.

특히 카테고리를 대표하는 브랜드일수록 더욱 그러하다. 카테고리의 유동성은 단순히 브랜드 슬로건을 변경한다고 해서 만들어지지 않는다. 메가 브랜드가 카테고리 유동성을 갖고 있다 할지라도 새로운 카테고리에는 새로운 브랜드가 필요하다.

새로운 카테고리의 창조는 소비자의 무의식이 허락하지 않는 한 성공할 수 없다. 그러나 소비자의 무의식은 같은 브랜드로 두 가지 이상의 카테고리를 허락하지 않는다. 이처럼 메가 브랜드로의 성장은 카테고리 유동성이 있다 하더라도 장기적으로 어렵다. 카테고리 디자이너는 마케팅적인 관점에서 언제든지 메가 브랜드의 성장을 꾀할 수 있다는 식의 카테고리 유동성에 대한 욕심을 버려야 한다. 그러나 그 브랜드가 기업 브랜드일 경우에는 예외가 발생한다. 그 예가 바로 혼다다.

혼다의 대표적인 카테고리 편익은 '작고 효율적인 엔진'이다. 1906년 시즈오카 현의 작은 마을에서 대장장이의 아들로 태어난 혼다 소이치로는 1946년 혼다를 창업한다. 경운기를 만들던 이 작은 기업은 발전을 거듭하며 1948년, 드디어 혼다기술 연구소를 설립해 모터사이클을 만들기 시작한다. 당시 외국 기업과의 합작을 통해 모터사이클을 만들던 대부분의 일본 기업과는 달리 혼다는 독자적인 기술 개발을 고집하며 이에 집중한다. 그 결과 저렴한 가격의 경량화된 모터사이클을 출시하게 되고 이를 미국시장에 수출함으로써 혼다라는 이름을 전 세계에 알리는 계기를 마련한다.

이 여세를 몰아 혼다는 모터사이클을 만들며 개발한 저렴하고 힘 좋은 엔진 기술을 기반으로, 1962년에 2인승 소형 스포츠카인 S500과 S3560을 출시하여 자동차시장에 첫발을 내딛는다. 이를 시작으로 혼다는 '싸고 질 좋은 엔진에 합리적인 가격의 자동차'라는 명성을 전 세계에 떨치게 되었다. 가정용 잔디 깎기 기계, 소형엔진이 장착된 스노모빌, 수상스키 등 작고 효율적인 엔진에 초점을 맞춰 제품 카테고리를 확장시켰다.

혼다의 카테고리 확장은 메가 브랜드로의 발돋움을 대변하는 것으로서 그 방향성이 매우 놀랍다. 혼다 소이치로 회장의 꿈이기도 한 개인용 제트기 카테고리로의 진입을 위해 혼다는 1986년 제트기엔진 연구소를 설립하고, 2006년 항공기 사업을 공식 출범했다. 혼다제트라는 이름의 이 개인용 제트기는 현재 혼다가 가장 주력하는 새로운 카테고리다. 혼다 특유의 작고 효율적인 엔진을 무기로 개발한 비행기다. 현재 초기 단계인 개인용 제트기 시장에서 점차 점유율을 높이며 혼다의 차세대 카테고리로 자리를 굳혀가고 있다. 2013년 여름, 혼다제트가 미국연방항공국(FAA)로부터 형식검사 승인을 취득함으로써 혼다는 개인용 제트기 카테고리로의 진입을 눈앞에 두고 있다.

혼다는 이미 2000년에 아시모라는 로봇을 발표해서 세상을 놀라게 한 적이 있다. 자동차 회사에서 왜 로봇을 만들었는지, 세간의 궁금증을 증폭시킨 혼다의 로봇 발표는 그야말로 생뚱맞기 그지없었다. 혼다의 이런 행보는 '지나치게 비관련 다각화를 하고 있는 것이 아니냐'라는 우려를 낳기도 했지만 혼다는 '꿈의 힘'이라는 슬로건으로 무장한 채 꿈쩍도 하지 않았다.

카테고리는 언제든지 흔적도 없이 녹아버릴 수 있는 빙산과도 같다. 더군다나 이동수단인 '탈 것'은 특히 인류 역사에서 꾸준히 진화를 거듭한 카테고리다. 산업혁명기 전에 인간이 탈 수 있는 가장 빠른 교통수단은 증기선이었다. 그러던 것이 증기기관차로 대체되었다. 이처럼 인류역사에 있어서 '탈 것'은 지속적으로 진화와 변화를 거듭하며, 과거의 이동수단은 소리 없이 역사 속으로 사라져갔다.

혼다는 영리한 기업이다. '자동차'라는 카테고리가 언젠가는 사라질 수도 있다는 사실을 잘 알고 있다. 사라질 카테고리의 1등 자리에 연연하기보다는 다음 세대에 수익을 낼 수 있는 새로운 카테고리에 대해 더 고민한다. 더군다나 로봇은 '달리는 즐거움을 주는 기계'가 아니다. 혼다의 카테고리 전략은 우리가 알고 있는 카테고리의 패러다임을 바꾸는 전략이다. 그것이 드림 카테고리일까? 미래 마케팅의 관점에서 볼 때 혼다는 확장된 카테고리에서도 브랜드를 선점할 수 있는 체질을 가지고 있다.

하지만 혼다와 달리 많은 브랜드들의 아이덴티티 개발 과정은 여전히 근시안적이다. 현재 카테고리와의 연관성만을 고려하거나 감성적인 부분만을 중시하는 좁은 시야로는 브랜드의 장기적인 부분까지 고민하기 어렵다. 그런 면으로 보더라도 급변하는 미래의 카테고리 싸움에서 혼다는 가장 큰 가능성을 가진 최고의 기업 브랜드가 될 것이다.

다른 경쟁자들은 생각지도 못하고 있는 사이에 혼다는 미래의 변화와 카테고리의 흥망성쇠를 예측하며 그에 따른 대비와 도전을 계속하고 있다. 미래 모든 사업의 핵심 카테고리가 될 로봇, 그리고 날아다니는 자동차와 현재 자동차의 중간 역할을 하게 될 개인용 제트기 카테고리, 이 두 분야로의 확장을 통해 혼다는 메가 브랜드로의 성공적인 변신을 꾀하고 있다. 혼다는 인간이 탈 수 있는 모든 것에 대한 확장을 목표로 하고 있다. 이러한 확장의 끝에는 우주 항공 산업까지 염두에 두고 있을 것이다.

아시모의 형태가 우주 비행사 복장을 하고 있다는 점과 혼다가 개발하고 있는 여러 기술들이 이러한 추측을 뒷받침하고 있다. 이 꿈이 실현된다면 혼다는 정말 그들의 바람대로 진정한 메가 브랜드로 거듭날 것이다. 그 중심에 있는 카테고리 편익은 변함 없이 '작고 효율적인 엔진'이다.

## 혁신적인 패러다임의 사고방식

 카테고리 마케팅의 안전성은 변화 속에 존재한다. 마케팅 세계에서 변화는 일상적인 것이다. 첨단기술의 발달로 변화의 형태와 스타일이 복잡해진 것뿐이다. 변화의 속성이 복잡해졌기 때문에 마케팅 기회 자체도 복잡해졌다. 변화는 유기체다. 그것은 살아 있는 것이다. 우리의 삶이 살아 있는 한 변화 역시 우리와 함께한다. 그렇기에 변화는 새로운 기회에 대한 도전이다. 변화를 시도하는 것은 결코 위험한 도전이 아니다. 도전하지 않는 것이 위험한 것이다. 이러한 도전 속에서 기회가 따라오고, 기회가 있는 곳에 마케팅 기회가 생기고, 그곳이 바로 새로운 성장의 도약점이 된다. 따라서 마케팅의 맹점은 지속가능한 생존이다. 카테고리 확장도 오직 변화 속에서만 존재한다.

 새로운 카테고리를 찾기 위해서는 기업 내부의 집단을 성공의 공동체로 만들어야 한다. 조직이 함께 변화를 맞이하라. 기업 내부 사람들이 스스로 변화를 시도할 수 있도록 이끌 때 새로운 카테고리로의 진출 방향이 나타난다. 시장 현장에서 뛰고 있는 세일즈맨, 제품을 연구하는 개발자, 마케팅 전략을 구상하는 마케터, 제품 디자이너, 소비자에 이르기까지 모두가 하나의 시장 생태계를 형성하여 기업(브랜드)을 살리도록 노력해야 한다.

생각 그 자체는 늘 변화하게 마련이다. 생각의 힘은 우리의 의식을 변화시킨다. 변화된 의식만이 변화를 견딜 수 있는 힘으로 발현된다. 선입견, 고정관념을 없앨 때 스스로 변화할 수 있다. 실패의 원인은 바로 선입견에 있다. 선입견, 고정관념을 없앨 때에 우리는 살아남을 수 있다. 여기에서 새로운 카테고리를 발견하는 지름길이 보인다.

현재에 안주하고 만족하면 안 된다. 하지만 한 번 성공한 경험이 있는 기업일수록 안주하려는 습성이 더 강해진다. 이 습성은 꼭 버려야 한다. 변화무쌍한 21세기에 변화의 속도에 순응하여 이끌지 않으면, 사라지는 것은 하루아침이다. 이를 위해서 먼저 기업 내부의 혁신이 일어나야 하며 마케터는 스스로 시장을 변화시키려고 노력해야 한다.

변화에는 사고의 전반적인 개념을 바꾸는 힘이 있다. 이 힘을 우리가 제대로 활용하기 위해서는 과감하게 기존 인식, 기존 개념을 해체시켜야 한다. 변화에 슬기롭게 대처하기 위해서는 기존의 패러다임에 순응하거나 젖어 있으면 안 된다. 변화의 다양한 요소들이 서로 충돌하면서 새로운 에너지의 장이 발생하고 이 힘이 시장 전반을 흔들어놓는다. 여기에서 새로운 카테고리가 태동한다. 실타래처럼 복잡하게 얽혀 있는 현실에서 헤어나기 위해서는 변화를 인식하는 지혜가 필요하다.

변화를 끊어버려라. 변화를 잘라버려라. 그럼으로써 유용가치가 있는 변화의 모습을 순간적으로 정지시킬 수 있다. 물론 그것은 찰나다. 이 찰나의 순간에 변화의 본질을 읽을 수 있어야 한다. 만약 변화 그 자체를 지각하기 힘들면 모든 변화의 요소를 버려라. 그리고 변화의 중심에 우뚝 서라. 변화의 중심에 진입하여 변화를 새롭게 결합시킬 때 새로운 카테고리는 확연히 드러난다.

카테고리 디자이너들은 언제나 마케팅 현장에서 같은 방식으로 생각하고 있기에 더 이상 생각하지 않는 버릇이 있다. 시장의 안팎에서 일어나는 일들에 대해 최선을 다했다고 여기고 더 이상 마케팅을 할 수 없다고 생각한다. 하지만 이것은 판단 착오다. 기존의 생각, 기존의 마케팅 구조를 해체해서 새로운 수요를 창출하는 카테고리를 찾아 마케팅 파라다이스를 만들어야 한다.

브랜드는 카테고리의 운명과 한 배를 타고 있다. 절대로 브랜드가 카테고리를 통제해서는 안 된다. 그래서 카테고리 마케팅 전략의 프레임 결정 시에는 새로운 관점에서, 원점(Zero point)에서 시작해야 하는 혁신적인 패러다임의 사고방식이 요구된다.

제4전선

# 카테고리 디자인 브랜딩 전략

# 브랜드 이름은 달라야 한다

새로운 카테고리 이름을 결정하라!

미국에서는 버드와이저 맥주가 제일 많이 팔린다. 밀러는 버드와이저를 추월할 수 있는 좋은 기회를 놓쳤다. 그 기회는 바로 라이트 맥주(light beer) 시장이었다. 밀러의 실수는 새로운 카테고리인 라이트 맥주를 내놓으면서 브랜드 이름을 라이트(Lite)라고 지은 것이다. 라이트처럼 평범하고 흔히 쓰이는 말로 브랜드 이름을 지으면 경쟁자들이 비슷한 브랜드 이름으로 선도 브랜드 개성(brand personality)을 없애버린다. 버드 라이트, 쿠어스 라이트, 쉴리츠 라이트, 패브스트 라이트가 그것이다.

밀러는 새로운 카테고리인 라이트 맥주라는 시장 기회를 본능적으로 찾았지만, 라이트라는 이름으로 새로운 카테고리를 개척하려고 했던 것이 결정적인 실수였다. 밀러라는 이름을 뺀 것은 괜찮은 판단이지만 보통명사로는 브랜드 이름을 보호받기가 어렵다. 경쟁 브랜드에서 라이트라는 이름으로 추격해왔을 때 대책을 세울 수가 없다. 결국 밀러도 어쩔 수 없이 밀러 라이트(Miller Lite)로 이름을 바꿨지만 시기를 놓치는 바람에 라이트 맥주 시장을 선도하지 못했다.

미국에서는 라이트 맥주가 보통 맥주보다 많이 팔린다. 이 결과로 맥주 시장에서 시장 점유율 1위는 버드 라이트가 되었다. 카테고리 이름을 그대로 사용하는 것으로는 새로운 시장을 우리의 것으로 만들 수 없다. 브랜드 이름은 고유명사가 되어 보호를 받을 수 있어야 한다.

브랜드 이름을 지으려면 새로운 카테고리 이름을 먼저 타당성 있게 정해야 한다. 그리고 그 카테고리를 쉽게 연상할 수 있도록 브랜드 이름을 지어야 한다. 특히 카테고리 디자이너들은 카테고리 이름을 짓는 데에 큰 관심이 없기에 새로운 카테고리의 이름이 없거나 불분명한 선발 제품이 매우 많다. 그 결과 소비자는 어떤 제품인지 이해하지 못하고, 유통에서는 기존 카테고리를 잣대로 대충 진열하게 된다.

이렇게 되면 모처럼 새로운 카테고리가 개발되었음에도 불구하고 소비자에게 커뮤니케이션을 제대로 하지 못해 새로운 수요를 창조하지 못한다. 이를 위해서는 콘셉트 개발 단계에서 새로운 카테고리에 걸맞은 이름을 결정해야 한다. 새로운 카테고리의 이름은 단 하나밖에 없는 제품이라는 인상을 주는 것이 필요하다. 그래야만 소비자는 카테고리 편익을 금방 인식하게 된다. 그리고 나서 새로운 카테고리에 어울리는 브랜드 이름을 지어야 한다.

브랜드 이름이 카테고리 이름과 같아서는 절대 곤란하다. 카테고리를 연상시키는 브랜드 이름은 좋지만 같지 않아야 한다. 경쟁사의 공격과 지속적인 성장을 가져오려면 이것을 꼭 지켜야 한다.

오리온 초코파이의 경우 1974년에 출시되어 40년간 국민들의 사랑을 한 몸에 받아왔지만, 카테고리를 나타내는 이름 때문에 경쟁사인 롯데 초코파이의 시장 진출을 허용하고 말았다. 물론 아직도 No.1 브랜드로서 건재하지만 롯데 초코파이에 대항해 오리온임을 강조하는 데에 많은 마케팅 비용을 지출해야 했다. 이 경우 소비자들이 '초코파이' 하면 초코로 만든 일반 파이를 연상하기보다 오리온에서 만든 초코파이를 연상하고 있었기 때문에 상표등록을 해놓았더라면 부정경쟁방지법 의하여 상표권을 인정받을 수 있었을 것이다. 차후에 오리온은 초코파이 정(情)으로 카테고리의 명성을 회복했다.

여성카드 시장을 창출한 첫 브랜드이며 적극적인 마케팅을 통해 강력한 브랜드 파워를 쌓은 레이디카드의 경우 여성카드라는 카테고리 명칭을 영어로만 바꾼 전형적인 카테고리 이름이다. 그러나 성질 표시적 이름이나 경쟁사에서 이를 따라하지 않고 '知&美', 'e-Queens', '여우' 등 다른 브랜드 네임을 도입하였기에 브랜드상의 충돌은 없었다.

반면 국민 패스카드(Pass card)의 경우는 교통카드라는 새로운 카테고리 시장의 선도 브랜드로서 성공적으로 포지셔닝을 했지만 소비자에게 고유한 브랜드로 인식되는 데에는 실패했다. 이후 삼성카드의 애니패스(Anypass) 카드가 출시되었고, 모든 신용카드에 교통카드기능이 부가되었을 뿐 아니라 이를 '패스카드'라는 명칭으로 부르게 되면서 교통카드 카테고리의 선발 브랜드로서의 의미를 상실했던 것이다.

이렇듯 카테고리 이름은 쉽게 커뮤니케이션되고 포지셔닝할 수 있다는 장점이 있으나 상표상의 법적 권리를 가지기 어렵다는 단점이 있다. 따라서 기업들은 카테고리 대표성을 가지면서 동시에 상표법상으로도 문제가 없는 브랜드 이름을 개발하는 데에 관심을 갖게 되었다. 요즘에는 카테고리 이름을 그냥 단순 조합하는 데에 그치지 않고 약간의 변형을 하거나 아이디어가 있는 조합을 통해 브랜드 문제를 해결하고 있다. 캐쉬백(Cashback)의 'back'을 'bag'으로 바꾼 OK캐쉬백(OK Cashbag), 가글링(gargling)이라는 원어를 자연스럽게 변형한 가그린 등이 그 예다.

카테고리 이름은 너무 뻔한 키워드를 활용하는 탓에 참신한 느낌이나 무언가 독특한 이미지를 주기에 다소 어려움이 있다. 따라서 브랜드의 문제뿐만이 아니라 참신한 이미지를 주는 것까지 고려해야 한다. 즉석밥 브랜드인 CJ의 햇반은 농심 햅쌀밥에 비해 대표성 표현은 떨어지지 않으면서 훨씬 참신한 느낌을 전달한다. 절묘하게 조합된 이 이름은 상표법상으로도 유리한데 실제로 햇반은 '햇'과 '반'을 결합한 성질표시 이름이 아니라 분리할 수 없는 하나의 신조어라는 주장을 통해 독립적으로 상표등록이 되었다.

## 카테고리 이름과 브랜드 이름의 관계

카테고리 이름은 어떤 시장에서나 항상 힘을 발휘할 수 있을까? 그렇지 않다. 카테고리 이름이 유용한 카테고리가 있고, 아닌 카테고리가 있다. 속성이나 성능 등 기능적 편익이 중요한 구매 요인이 되는 시장에서는 유리하지만, 패셔너블한 이미지나 고급의 이미지가 중요한 카테고리에서는 의미가 없다.

카테고리 이름 자체를 브랜드 명칭으로 쓰는 것은 식품이나 생활용품 및 생활 서비스 등에 많이 활용되지만 패션 브랜드나 화장품 브랜드, 혹은 자동차 브랜드 등에서는 직접적인 설명형의 카테고리 이름을 찾아보기 힘들다. 또한 표적 소비자를 고려해야 하는데 낯선 신조어 등에 익숙한 10대를 표적 소비자로 한다면 원 단어 위주의 카테고리 이름은 표적 소비자들의 흥미를 유발시키지 못할 가능성이 높다.

카테고리 이름은 시장의 초기 선도 브랜드로서 시장을 선점하고자 할 때 효과적이다. 이는 곧 후발 브랜드로서는 메리트가 없다는 말이다. 하지만 이미 나름의 이미지들을 갖고 있는 브랜드들이 나와 있는 상태에서 사실 전달적인 카테고리 이름을 그대로 이름으로 쓰는 것은 뒤떨어져 보인다. 시장이 성숙하고 브랜딩이 진전될수록 브랜드의 이름은 기능적, 전달적이기보다 감성적이나 이미지 지향적으로 발전하기 때문이다.

최초의 브랜드이거나 적어도 소비자 인식 속에 자리 잡은 경쟁 브랜드가 없는 상황에서 카테고리 이름은 빛을 발할 수 있다. 그러나 미과즙 음료 시장에 '니어워터'라는 카테고리 이름이 먼저 진출했음에도 '2% 부족할 때'라는 후발 브랜드가 대표 브랜드가 된 것처럼 카테고리 이름이 항상 경쟁력이 있는 것은 아니다. 카테고리 이름은 커뮤니케이션 등 모든 마케팅 활동들과 시너지를 이룰 때 비로소 의미를 가질 수 있다. 하지만 적절한 카테고리와 표적 소비자, 그리고 시장 초기라는 조건이 주어진다면 카테고리 이름은 시장 진입에 있어 매우 효과적인 전략임은 부인할 수 없다.

카테고리 이름과 브랜드의 이름이 달라야 한다는 것은 새로운 카테고리를 통한 시장창출을 보다 효과적으로 이루기 위함이다. 경쟁사에 대해 진입장벽을 형성하고 독자적인 새로운 시장을 형성하기 위해서는 카테고리와 연결된 브랜드 이름을 카테고리 이름과는 다르게 만들어야 한다.

# 개별
# 브랜드 전략은
# 필수다

## 제품 이상의 그 무엇

우리나라 맥주 시장은 조선맥주(크라운)와 동양맥주(OB)로 구분된다. 크라운이 새로운 카테고리인 드라이 맥주(dry beer)를 출시하면서 드라이 맥주 시장을 선도했지만, 결국 OB에 밀리고 말았다. 그때 만든 브랜드 이름이 크라운 드라이 맥주였다. 그리고 OB에서 만든 드라이 맥주의 이름은 OB 드라이 맥주였다. 소비자는 이미 새로운 카테고리인 드라이 맥주 시장을 인식하고 있었지만, 크라운 측에서 패밀리 브랜드인 크라운 드라이 맥주로 이름을 지으면서 소비자들에게 크라운 대 OB의 싸움으로 인식하게 만들었다. 결과는 크라운 드라이 맥주의 참패로 이어졌다. 그 이후 크라운(조선맥주)은 회사 브랜드가 아닌 개별 브랜드 중심으로 전략을 전환해 하이트(HITE)를 선보이면서 OB맥주를 이겼다. 이후 OB맥주도 카스(CASS)라는 브랜드 전략을 통해 재역전에 성공했다. 이 사례에서 배워야 할 점은 바로 개별 브랜드 전략(individual brand strategy)이 중요하다는 것이다.

 제품이 소비자에게 의미 있는 것이 되어야 브랜딩이 가능하다. 그래서 소비자의 삶 속에서 의미의 원천을 찾아야 한다. 소비자의 삶이란 소비자가 생활 속에서 겪는 경험의 일부다. 따라서 카테고리 디자이너는 소비자 생활을 들여다보면서 소비자의 삶을 이야기로 엮을 수 있는 줄거리를 찾아야 한다. 의미가 있으면서도 소비자의 삶에 영향을 미치는 그 무언가가 되어야 좋은 결과를 가져올 수 있다.

 카테고리 브랜딩은 개별 브랜드 이름이 되어야 하는데, 그 브랜드는 항상 제품 그 이상의 무엇을 의미해야 한다. 브랜드는 제품과 관련된 이름이나 상징 혹은 기호에 소비자(구매자, 사용자)가 심리적인 의미를 부여하는 것이다. 오리온 초코파이는 파이가 아니라 정(情)이라는 추억을 연상시킨다. 같은 제품 카테고리 안에서도 각 브랜드는 다른 의미를 가질 수 있다. 브랜드는 소비자 머릿속에 있는 생각들과 관련된 기억들이 서로 연결된 네트워크로 드러날 수 있다.

이마트는 우리나라에서 제일 낮은 가격의 제품을 매일 제공하는 최초의 할인점포다. 브랜드와 관련된 이런 이미지들은 소비자들에게 매우 높은 가치를 부여할 수 있다. 브랜드가 가치를 가지기 위해서는 이 이미지들이 소비자 삶의 일부가 되어야 한다. 또한 브랜드는 하나의 카테고리를 확연히 드러낼 수 있어야 경쟁자에게 모방되지 않는다. 브랜드는 절대 모방될 수 없어야 한다. 그래야만 영원히 살아 있는 브랜드가 된다. 쌀 음료 아침햇살, 김치 냉장고 딤채, 즉석밥 햇반, 제습제 물먹는 하마, 산소계 표백제 옥시크린, 드럼 세탁기 트롬, 배달피자 도미노, 소형차 폭스바겐, 스포츠 유틸리티 자동차 지프 등은 모두 개별 브랜드 이름을 가지고 있는 좋은 예다.

## 최적의 브랜딩 전략

브랜드를 만들어갈 때, 마케터는 최적의 브랜딩 전략을 결정해야 한다. 가장 널리 활용되는 세 가지 브랜딩 전략이 있다. 첫째, 기업 브랜딩(corporate branding)은 모든 제품에 대해서 하나의 기업 브랜드를 사용하는 것이다. 둘째, 패밀리 브랜딩(family branding)은 한 제품군 안에서 여러 개의 브랜드를 사용하지만 공통된 제품군/패밀리 브랜드와 함께 사용하는 것이다. 셋째, 개별 브랜딩(individual branding)은 하나의 카테고리 안에 서로 관련 없는 브랜드 이름을 사용하는 것이다. 이 셋 중에서 개별 브랜딩이 카테고리 브랜딩 전략이 되어야 한다. 그래야만 새로운 카테고리에서 브랜드의 독자적인 독특성을 획득할 수 있다.

실제로 브랜딩 과정에서 기업 이름(기업 브랜드)을 사용하면 혼란이 생긴다. 기업 이름을 어떻게 사용하느냐의 문제는 간단하면서도 복잡하다. 이를 무시할 때에는 브랜드와 기업이라는 끝없는 논쟁이 야기된다.

브랜드 이름은 언제나 기업 이름보다 앞서 나가야 한다. 소비자는 브랜드를 구매하지 기업을 구매하지 않는다. 물론 코카콜라, 제록스, 인텔과 같은 기업 이름이 홀로 사용될 때에는 기업 이름을 브랜드로 간주한다. 기업 이름은 브랜드를 제조하고 생산하는 조직체이지 브랜드 그 자체가 아니다.

패밀리 브랜딩도 카테고리 초기에 사용해서는 안 된다. 천연조미료 시장의 경우, 다시다에 대응한 미원 '맛나'는 경쟁력을 잃었다. 새로운 카테고리 초기에는 패밀리 브랜딩보다 개별 브랜드로 싸워야 한다. 특히 그 시장이 소비자의 니즈와 욕구 변화가 빨라지는 카테고리라면 더욱더 그러하다.

## 브랜드 우위성의 지속적인 확보

　소비자들은 브랜드 지향적이다. 브랜드는 제품 그 자체를 대변한다. 카테고리에 따른 개별 브랜딩은 기업 브랜딩보다, 패밀리 브랜딩보다 우위에 있다. 개별 브랜딩을 새로운 카테고리에 사용함으로써 브랜드 자체에 관심이 집중되도록 해야 한다. 기존 카테고리에서 성공한 브랜드가 새로운 카테고리로 진입할 때에도 마찬가지다. 브랜드들 사이의 분리를 유지하는 전략이 급선무이며 또한 장기적으로도 필요하다.
　브랜드의 우위성, 지배력을 지속적으로 확보하기 위해서는 개별 브랜딩 전략을 사용해야 한다. 여기에 다음과 같은 브랜드 원칙을 고수해야 한다. 각 브랜드 간의 독특함과 특수성을 유지하기 위해 한 가지의 특성을 선정해서 브랜드 사이의 차별성을 확립하며 비슷하지 않은 브랜드 이름을 만들어야 한다. 롯데칠성의 석류 음료 '미녀는 석류를 좋아해'는 패밀리 브랜딩(모메존 석류)에서 변환하여 석류 음료 시장에서 성공할 수 있었다.
　제품 속성에 포커싱한 콘셉트를 가지고 표적 소비자를 향해 돌진하는 개별 브랜딩 전략은 이미 알려진 기업 이름이나 패밀리 브랜드 이름을 사용하는 것보다 새로운 카테고리를 차별화하기에 유리하다. 새로운 브랜드 이미지를 쉽게 전달하고, 브랜드 고유의 카테고리 콘셉트를 유지하기 쉽다. 또한 새로운 카테고리에서 실패한 경우 기존 브랜드나 패밀리 브랜드, 기업 브랜드에 미치는 영향을 최소화할 수도 있다.

개별 브랜딩 전략은 소비자의 인식 속에 빠르게 침투해 선택의 관여도를 높인다. 개별 브랜딩 전략은 소비자의 기대 심리를 한껏 부풀리고, 그 기대감으로 새로운 카테고리의 구매와 선호도로 연결시키는 전략적 묘미가 있다. 개별 브랜딩 전략을 철저하게 지켜야만 카테고리 브랜딩이 새로운 수요를 낳는 원천이 될 수 있다.

# 원형이 되는
# 브랜드 이름이
# 필요하다

## 차이는 카테고리에서 생긴다

새로운 카테고리가 죽으면 누가 승리 브랜드가 되는가? 당연히 기존 카테고리의 선두가 승자가 된다. 버드와이저를 생산하는 앤호이저부시는 라이트 맥주 시장에 가장 늦게 뛰어들었지만, 결국 버드 라이트가 선두 브랜드가 될 수 있었다. 현재 라이트 맥주는 새로운 카테고리로 인식되지 않는다. 사람들은 라이트 맥주는 보통 맥주보다 물을 더 탄, 좀 싱거운 맥주라고 생각한다. 소비자들은 원래 선호하는 맥주의 강한 맛이 부담스러울 때 라이트 맥주를 찾게 된다. 그래서 이미 많은 소비자들이 좋아하던 버드와이저가 라이트 맥주 시장에서도 승자가 될 수 있었다.

다이어트 콜라의 첫 번째 브랜드는 다이어트 라이트였다. 이것도 보통 명사로 지은 실패작이다. 그 이유는 펩시콜라나 코카콜라 같은 기존의 카테고리 킬러들의 이름이 새로 떠오르는 카테고리를 한방에 날려버릴 수 있기 때문이다. 다이어트 라이트가 새로 판 웅덩이에 먼저 뛰어들어 진흙탕을 만들기 시작한 것이 다이어트 펩시다. 곧이어 다이어트 코크도 뛰어들었다.

이제 사람들은 다이어트 콜라를 새로운 카테고리로 이해하지 않는다. 다이어트 콜라는 설탕 대신 인공 감미료를 넣은 것 빼고는 보통 콜라와 다를 게 없다고 생각한다. 그러니 다이어트 콜라 시장의 선두 자리는 당연히 제일 나중에 웅덩이에 뛰어들었지만 기존 카테고리의 1등 브랜드였던 코카콜라의 다이어트 코크가 차지하게 되었다. 다이어트 라이트처럼 되지 않기 위해서는 새로운 카테고리에 개별적인 독특한 브랜드 이름을 지어야 한다.

소규모로 맥주를 제조하는 소위 마이크로브루(microbrew) 맥주는 짐 코치라는 사람이 사무엘 아덤스 보스턴 라거를 창업하면서 만들어낸 새로운 카테고리다. 이 맥주는 피츠버그에서 아이언 시티라는 맥주를 제조하던 사람들이 처음 빚어

마시던 맥주였다. 하지만 원조가 어디든 그것은 중요하지 않다. 중요한 것은 마이크로브루 맥주라는 것이 맥주를 마시는 사람들의 머릿속에 새로운 카테고리로 각인되었다는 사실이다. 이렇게 되자 앤호이저부시(앤호이저 월드 셀렉트)와 밀러(밀러 리저브) 역시 마이크로브루 맥주를 내놓았다.

그러나 그들의 힘으로도 떠오르는 마이크로브루 카테고리를 죽일 수는 없었다. 다른 점이라고는 한 번에 빚어내는 양이 적다는 사실뿐인 마이크로브루 맥주를 소비자들은 별개의 카테고리로 생각한다. 그러나 열량이 적다는 실질적인 차이가 있는 라이트 맥주는 기존 맥주의 카테고리로 분류한다. 마이크로브루 맥주와 라이트 맥주 가운데 보통 맥주와 정말로 차이가 나는 맥주는 바로 라이트 맥주다. 맥주를 마시는 사람도 보통 맥주와 마이크로브루 맥주의 차이보다 보통 맥주와 라이트 맥주의 차이를 더 많이 느낄 수 있다.

결국 소비자가 느끼는 차별성은 맥주 품질 자체에서 생기는 게 아니다. 카테고리에서 생긴다. 새로운 카테고리의 출현을 눈치 채지 못하면 거기에 걸맞은 새로운 브랜드 이름을 창조할 수 없다. 새로운 카테고리의 출현은 혁명적이거나 파격적인 변화를 일으키지 않는다. 그래서 맥주의 기존 카테고리를 장악한 브랜드들은 새로운 움직임을 단순히 기존 카테고리의 발전으로 여긴다. 사실은 그때가 새로운 브랜드 이름을 만들어 새로운 카테고리를 낳고 키울 수 있는 좋은 기회다. 그러나 이를 모르면 새로운 카테고리 시장은 죽어버린다.

## 카테고리 원형으로 인식시켜라!

참새, 제비, 오리, 독수리, 펭귄, 타조는 모두 같은 카테고리에 속하며 이들을 모두 새라고 부른다. 하지만 같은 카테고리에 속한다고 하여 심리적으로 모두 같은 것은 아니다. 참새나 제비는 좀 더 '새 같은 새'이지만 펭귄이나 타조는 '새 같지 않은 새'다. 다시 말해 어떤 대상은 카테고리의 중심부에 자리 잡지만 어떤 대상은 중심부에서 멀어져 있다.

이처럼 한 카테고리에서 중심부에 자리 잡고 있어서 그 카테고리를 가장 잘 대표하는 것을 원형(prototype)이라고 한다. 원형은 해당 카테고리의 가장 전형적인 대상이다.

원형은 우리 일상사에서 중요한 역할을 한다. 사람들은 원형에 가까운 대상을 보았을 때 이 대상이 특정 카테고리에 속하는지 아닌지를 더 빨리 판단한다. 예를 들면 오리는 새인가? 사람들은 덜 전형적인 것보다 전형적인, 즉 원형에 가까운 대상에 대한 판단이 훨씬 빨랐다. 나아가 원형은 동일 카테고리에 해당하는 다른 항목을 학습할 때 기준 역할을 한다. 어떤 카테고리의 원형에 가까운 전형적인 대상은 우리의 기억과 정보처리에 훨씬 유리하게 작용한다.

성공적인 브랜드 포지셔닝의 첫 단계는 바로 자사 브랜드를 해당 제품 카테고리의 원형으로 인식시키는 것이다. 상처에 붙이는 반창고 대일밴드, 투명 테이프 스카치테이프, 스테이플러 호치키스, 마시는 한방 감기약 광동탕, 액체 위장약 겔포스 등이 제품 카테고리 원형의 예다.

새로운 카테고리의 원형이 된다는 것은 마치 배가 안전하게 정박하기 위해 닻을 내리는 것과도 같다. 닻이 안정되게 고정될수록 배는 좀 더 안전한 다음 항해를 기약할 수 있다. 원형이 된다는 것은 식물이 튼튼하게 뿌리를 내리는 것과도 같다. 뿌리가 튼튼하게 자리 잡아야 꽃과 열매를 충실하게 맺을 수 있다.

새로운 카테고리의 원형 브랜드가 되는 데에는 시장 진입 순서가 지대한 영향을 미친다. 통상적으로는 새로운 제품 카테고리에 최초로 진입한 브랜드는 원형의 이점을 누릴 가능성이 크다.

우리나라 최초의 조미료는 미원이었다. 미원은 조미료 시장 카테고리의 강력한 원형 브랜드다. 소비자들은 미원을 브랜드가 아니라 제품 카테고리 그 자체로 인식한다. 제일제당(현 CJ)이 미풍, 아이미로 조미료 시장을 공격했지만 실패했다. 그러나 나중에 천연조미료라는 새로운 카테고리를 개척한 다시다로 더 크게 성공했다. 미원도 천연조미료 시장에 '미원 맛나'라는 브랜드 이름으로 등장했지만, 새로운 카테고리에 새로운 이름이 아닌 미원(화학조미료)을 붙였기에 실패했다. 이후 '맛나'로 브랜드 이름을 바꾸었지만 천연조미료 카테고리의 원형 브랜드인 다시다를 쫓아갈 수 없었다.

후발 브랜드라고 해서 원형이 될 수 없는 것은 아니다. 원형이 되는 방법은 카테고리를 분화하는 것이다. 분화한 카테고리에서 시작하면 되는 것이다. 만일 기존 카테고리에서 1위가 될 수 없다면 자신만의 카테고리를 만들어라. 딤채처럼 김치 냉장고 카테고리, 아침햇살처럼 쌀 음료 카테고리를 만들면 된다.

## 오직 하나의 대담한 공격

브랜드 카테고리의 분화는 시장의 진화와도 관계가 깊다. 10년 전에 비해 음료의 브랜드 수가 얼마나 많이 증가했는가. 브랜드가 넘쳐날수록 자신만의 카테고리를 개척하고 그 카테고리의 원형이 되는 것은 차별적인 브랜드 포지션을 정립하는 데 매우 중요하다.

유산균 발효유를 보자. 현재 많은 브랜드가 존재한다. '윌'은 유산균 발효유 카테고리에서는 원형이 아닐 수 있다. 하지만 기능성 발효유에서는 원형일 수 있다. 더욱 분화한다면 위 건강을 위한 발효유 카테고리에서는 독보적인 원형이다. 원형 브랜드는 강력한 브랜드 포지션 정립을 넘어 통상 판매에서도 항상 리더 자리를 지킨다. 카테고리에서 원형이 되지 못한 채 그저 수많은 브랜드 중의 하나로만 남는다는 것은 소비자 마음속에 독특하고 차별적인 자리 잡기에 실패했다는 것과 같다.

새로운 카테고리에는 새로운 이름이 필요하다. 제록스가 컴퓨터 시장에서 실패한 것이나, **IBM**이 복사기 시장에서 실패한 사례를 보면 기존 카테고리를 대표하는 브랜드는 새로운 카테고리를 대표하기가 더 어렵다는 사실을 알 수 있다. 기존 카테고리를 대표하는 브랜드의 매력이 여전히 잠재 소비자의 기억 속에 굳게 새겨져 있기에 오히려 쉽게 기존 브랜드를 사용해서는 안 된다. 카테고리의 확장은 실제로는 기존 브랜드가 새로운 카테고리와 유사성이 있다 하더라도 그대로 사용해서는 안 되고, 먼저 소비자 기억 속에 브랜드가 어떤 위치를 점유하고 있느냐를 알아야 한다. 만일 기존 브랜드가 소비자 기억 속에 존재하지 않는다면 새로운 카테고리에 그대로 사용해도 된다. 하지만 이런 경우는 결코 없다.

　　대부분의 마케터는 성공을 다수의 작은 노력들이 절묘한 조화를 이루어 만들어낸 총체적 결과라고 생각한다. 그래서 마케팅 프로그램이란 상이한 다수의 전략들 중에서 적당한 것을 선택해 충분한 노력을 투입하기만 하면 성공할 수 있다고 생각한다. 만일 그런 사람들이 해당 카테고리의 리더 브랜드를 마케팅하고 있다면, 그 브랜드의 아까운 자원은 다수의 프로그램으로 분산, 낭비되고 있을 가능성이 크다.
　　카테고리 리더가 아닌 경우에도 리더가 하는 대로 똑같이 하려고 뭔가를 시도하고 있을 가능성이 크다. 이는 그저 조금만 더 열심히 싸우면 모든 게 잘 풀릴 것이라고 주장하는 것과 같다. 하지만 더 열심히 노력하는 것만이 마케팅 성공의 비결은 될 수 없다.
　　마케팅 역사를 살펴보면 오직 하나의 대담한 공격만이 실효를 거뒀다. 나아가 주어진 상황이 어떠하든 오직 하나의 행동만이 실제적인 결과를 창출한다. 이런 대담한 공격, 큰 생각이 새로운 카테고리이고, 거기에는 새로운 브랜드 이름이 필요하다.
　　브랜드란 잠재 소비자의 기억 속에 우리가 소유하고 있는 하나의 아이디어 또는 콘셉트다. 보통의 단어 대신에 사용할 수 있는 고유명사다. 그래서 새로운 카테고리에는 단순한 브랜드 이름을 사용하여 소비자의 기억 속에 브랜드를 강하게 새겨야 한다. 하나의 카테고리에서는 하나의 브랜드 이름만이 시장에서 생명력을 지속한다.

카테고리가 변할 때는 브랜드도 변해야 한다. 브랜딩(브랜드 구축)은 지루한 작업이다. 그래서 브랜드의 단일성, 일관성은 언제나 지켜져야 한다. 일관성과 결합된 제한성이 바로 새로운 카테고리 브랜드를 형성한다.

# 소비자 마음속에 콘셉트를 심어라!

## 카테고리 내에서 부동의 1위

어떤 카테고리를 말했을 때 바로 떠오르는 브랜드가 있다면 그 브랜드는 그 카테고리의 No.1 브랜드이자 대표 브랜드일 가능성이 높다. 접착식 메모지 하면 포스트잇, 맥주 하면 하이트, 청바지 하면 리바이스, 사이다 하면 칠성사이다, 콜라 하면 코카콜라, 숙취 해소제 하면 컨디션이라고 대답할 것이다. 이 브랜드들의 이름을 떠올리는 까닭은 이들이 이미 수년간 해당 카테고리 내에서 부동의 1위를 지키고 있는 브랜드들이기 때문이다.

오늘날의 시장은 매일매일 무수한 신제품들이 쏟아져 나오고, 끊임없이 경쟁자가 추격해오는 상황이다. 그렇기에 더더욱 카테고리 디자이너들은 그 누구에 의해서든 쉽게 흔들리지 않는 파워를 가진 브랜드 만드는 것을 꿈꿀 것이다. 그런데 카테고리 대표 브랜드의 지위를 누리고 있는 브랜드들을 면밀히 살펴보면, 카테고리와 관련된 핵심적인 키워드를 활용하여 카테고리의 대표성을 살린 이름들이 다수 있다. 카테고리의 대표성을 고려한 브랜드 이름은 특히 시장 초기에 카테고리를 선점하기 위한 전략으로서 매우 유효하다.

카테고리 내 1위 브랜드의 이름은 카테고리를 표현하는 키워드나 카테고리의 핵심 속성, 또는 편익과 관련된 키워드를 활용한 것으로, 쉽게 대표성을 확보할 수 있다. 이들은 카테고리 관련 키워드를 통해 카테고리에 대한 강한 연상 작용을 일으켜 소비자의 머릿속에 쉽게 파고들었으며, 소비자 인식의 사다리에서 높은 위치를 차지할 수 있었다. 또한 시장 초기 단계에서 소비자들의 머릿속에 효과적으로 포지셔닝된다면 경쟁자의 웬만한 공격에 대해서는 전혀 영향을 받지 않을 정도로 카테고리와 강력한 유대 관계를 이룬다.

카테고리 대표 브랜드 이름을 이해하는 데에 있어 가장 중요한 두 가지 개념을 정리해보자.

첫째, 카테고리 No.1 브랜드(category No.1 brand)다.

해당 카테고리에서 가장 강력한 브랜드 파워를 가지고 있는 브랜드를 말한다. 높은 인지도 및 긍정적인 이미지를 바탕으로 시장 점유율에서도 경쟁우위를 가지고 있는 브랜드들이다. 화장티슈에 크리넥스, 침대에 에이스, 고급 부엌가구에 에넥스, 즉석밥에 햇반, 할인점에 이마트, 드링크에 박카스 등이다.

둘째, 카테고리 대명사 브랜드(category generic brand)다.

보통 카테고리 대명사라 부르는데 카테고리 대표 브랜드 중에서 카테고리 명칭과 대체 가능할 만큼 강력하게 시장을 지배하고 있는 브랜드를 말한다. 바로 크리넥스나 스카치테이프, 페덱스 등이다. 소비자는 이들이 특정 회사의 브랜드 이름이라는 것을 모르거나 혹은 잊어버리고 마치 카테고리 명칭인 것처럼 그 브랜드를 부르고 있을 정도이다. "화장 티슈 주세요"라고 말하는 대신 "크리넥스 주세요"라고 한다거나, 투명한 "셀로판테이프"라는 카테고리 명칭은 아예 알지도 못한 채 "스카치테이프 주세요"라고 말한다.

"핸드폰이 필요하다"라고 얘기할 때 꼭 삼성의 제품을 사겠다는 뜻은 아니다. 또한 "침대를 사야 돼"라는 말을 "에이스를 사야 돼"라고 표현한다거나 "부엌가구 보러갔어"라는 말 대신 "에넥스 보러갔어"라고 하는 것은 어색하다. 이들은 카테고리 No.1 브랜드이지만 카테고리 대명사 브랜드는 아니기 때문이다.

카테고리 No.1 브랜드 이름은 카테고리 관련 속성과 편익을 중심으로 만들어진다. 카테고리 No.1 브랜드 이름은 그 표현에 두 가지 특징이 있다.

첫째, 카테고리 No.1을 확보하기 위해 카테고리를 표현하는 명칭을 직접적으로 활용한다. 오리온 초코파이는 카테고리 명칭을 바로 쓰고 있으며, 햇반은 '밥'을 뜻하는 '반', 케이머스(K-merce)는 커머스를 축약한 머스, 딱풀은 '풀'이라는 각 카테고리 명칭을 활용하고 있다.

둘째, 대부분 쉽게 이해될 수 있는 설명적 형태를 취한다. 앞서 예시된 브랜드들을 보면 어떤 제품 특성이나 서비스 내용을 갖고 있는지 바로 알 수 있도록 관련 키워드를 그대로 쓰고 있다. 조합에 있어서도 구성 어휘를 유추하기 어려운 변형조합보다는 원 단어나 단순 조합 형태가 다수를 차지한다.

'초코파이', '레이디카드', '패스카드' 등은 원 단어의 단순조합 형태다. OK캐쉬백이나 케이머스의 경우에는 새로운 단어를 만들긴 했지만 서비스의 내용을 쉽게 이해할 수 있다. 그러나 카테고리 선호 브랜드가 법적 배타성을 갖는 데에는 어려움이 있을 수 있다.

## 콘셉트의 차별적인 사례

　새로운 가치를 창출하는 브랜드 이름은 카테고리를 대표하도록 지어야 한다. 카테고리 자체에 대한 욕구가 일어나게끔 편익을 중심으로 하거나 핵심 성분과 연결되는 브랜드 이름을 고려해야 한다. 브랜드 이름과 연결되는 카테고리 이름도 고민해야 한다. 카테고리 디자이너가 새로운 카테고리의 이름을 만들어 이를 확산시키면 자사의 브랜드를 카테고리의 대표 이름으로 인식시킬 수 있다. 카테고리 이름은 상표등록과는 관계가 없으므로 자연어를 중심으로 한 인지형 이름이 좋다. 후발 브랜드의 경우라면 선발 브랜드를 추월할 수 있는, 기존 카테고리 이름과 다른 카테고리 이름을 사용해야 한다.
　미국의 두유시장에서 후발 주자인 '에잇스 칸티넌트(8th Continent)'는 기존의 두유(soy milk) 대신 야채우유(vegetable milk)라는 표현을 사용했다. 카테고리의 이름을 만들 때, 속성 및 편익에 대한 핵심 키워드를 활용했을 뿐만 아니라 브랜드가 카테고리의 대표가 되도록 만든 좋은 사례다. 하지만 그것은 필요조건이지 필요충분조건은 아니다. 카테고리의 대표 브랜드가 된다는 것 자체가 성공적인 포지셔닝의 완성이 될 수는 없다.

소비자 마음속에 진정으로 차별력 있고 경쟁력 있는 브랜드로 자리 잡으려면 그 브랜드만의 고유한 속성이 소비자 마음속에 심어져야 한다. 우리는 세상을 다양한 카테고리로 분할하고 명명하는데 이를 콘셉트라고 한다. 콘셉트는 사고에서 가장 중요한 부분이다. 만약 우리가 세상의 모든 개별 사물마다 모두 이름을 붙여야 한다면 사고는 물론 의사소통도 불가능하다. 콘셉트는 치약, 자동차 등과 같이 구체적인 것일 수도 있고 아름다움, 고급스러움 등과 같이 추상적인 것일 수도 있다.

콘셉트를 획득한다는 것은 그 콘셉트에 속하는 개별 사례(예를 들어 자동차의 경우 승용차, 트럭, 스포츠카, SUV 등)가 공통적으로 가지는 성질을 안다는 것을 의미한다. 한 콘셉트에 속하는 모든 사례는 특정의 속성을 공유한다는 것을 의미한다. 자동차라는 콘셉트는 '네 바퀴', '엔진', '달린다' 등과 같은 공통 속성을 안다는 것을 의미한다.

브랜드 포지셔닝은 궁극적으로 한 브랜드가 제품 카테

고리라는 콘셉트의 공통적인 사례가 되기보다 차별적인 사례가 되는 것을 핵심으로 한다. 그렇게 되기 위해서는 제품 카테고리라는 콘셉트에 속한 다른 사례는 물론, 여타 브랜드와는 차별이 되는 속성을 가져야 한다.

볼보나 벤츠 모두 자동차라는 콘셉트에 속하는 사례지만 볼보는 '안전', 메르세데스 벤츠는 '품위'라는 차별적 속성을 가진다. 볼보나 벤츠는 자동차라는 콘셉트로 네 바퀴, 엔진, 달린다와 같은 속성을 공유하는 한편 안전과 품위라는 차별적 속성을 확보함으로써 각 브랜드는 개별적인 콘셉트로 분화된 것이다.

## 브랜드의 최종 목표

브랜드의 최종 목표는 새로운 카테고리의 고지 위에 자신의 브랜드 깃발을 꽂아 브랜드 나라를 만드는 것이다. 카테고리를 대표하는 브랜드가 됨으로써 막강한 브랜드 파워가 생긴다. 그래서 대표 브랜드는 카테고리 전체를 점령한다. "다시다 주세요", "미원 주세요", "제록스해와", "페덱스로 보내", "박카스 주세요"처럼 새로운 카테고리에 집약된 소비자 욕구를 브랜드 이름으로 대변해야 한다. 카테고리 대표 브랜드는 경쟁 브랜드에 대해 강력한 진입 장벽을 만들어 낼 수 있다. 이처럼 성공적인 브랜드 포지셔닝은 브랜드 자체가 하나의 독립적인 개념으로 자리 잡음으로써 완성된다.

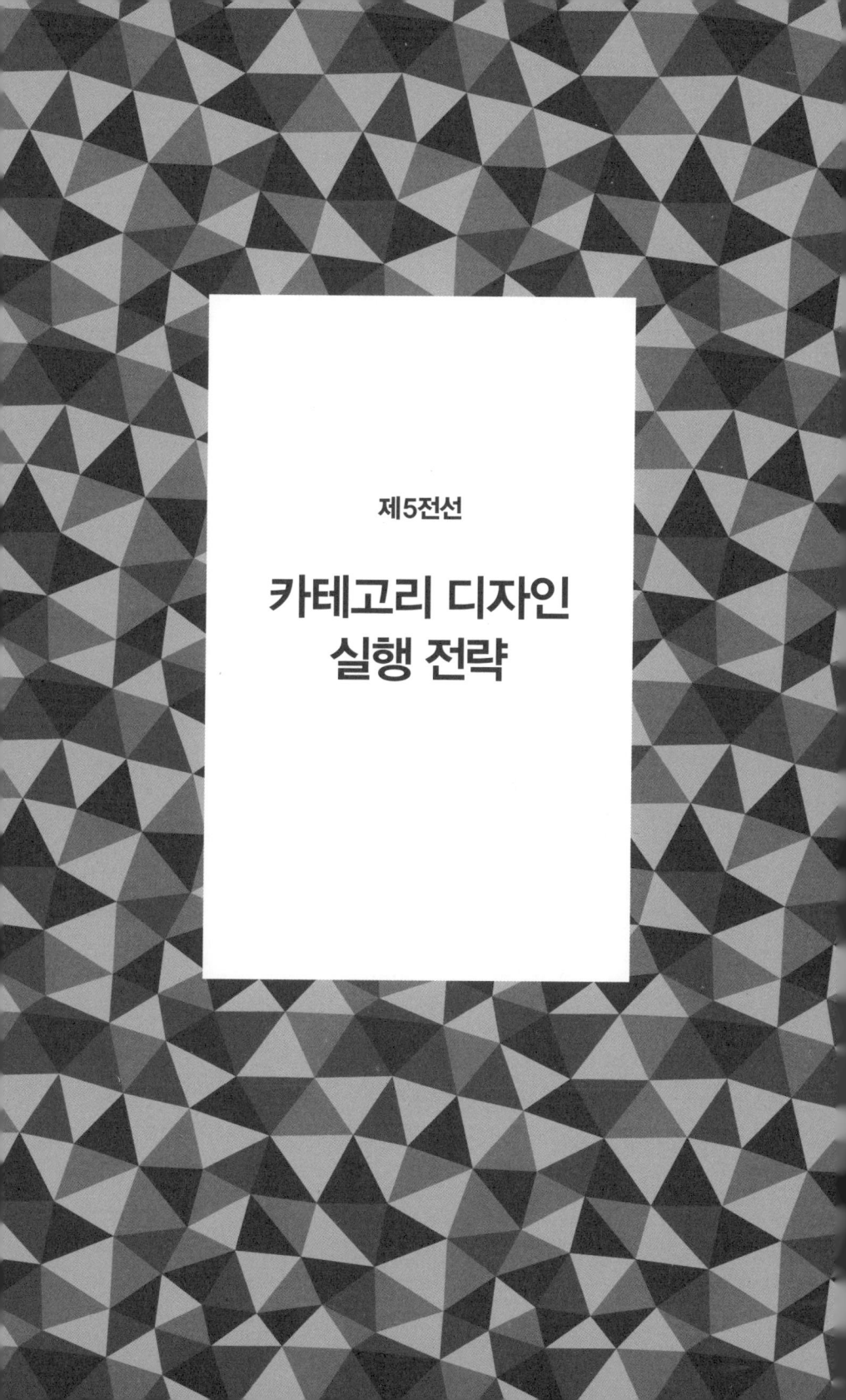

제5전선

# 카테고리 디자인 실행 전략

# 카테고리는 인식의 싸움이다

## 브랜드 승패의 갈림길

새로운 카테고리는 새로운 시장이다. 여기에 남보다 먼저 들어가서 시장선점을 해야 한다. 새로운 시장을 지배하고 지속적으로 성장시키기 위해서는 먼저 카테고리를 소비자에게 인지시켜야 한다. 그래야만 기존 시장과 차별화되어 소비자의 인식 속에 새로운 시장 공간이 생겨난다.

MP3 플레이어에서 시장의 지배자는 애플의 아이팟(ipod)이다. 사실 MP3 플레이어는 1993년 새한 정보 시스템이 세계 최초로 개발했다. 하지만 MP3 플레이어 시장에서 성공하지 못한 가장 큰 이유는 바로 MP3 플레이어라는 카테고리를 소비자에게 인식시키지 못했기 때문이다. 소비자는 MP3 플레이어가 무엇인지도 모르는 상태였다. 그 다음에 등장해서 시장을 만든 것이 레인콤의 아이리버였지만, 2000년에 들어서자 이미 전 세계 시장에서 애플의 아이팟이 대세를 이루고 있었다.

소비자 인식 속에 브랜드나 제품을 심어주기 전에 먼저 카테고리를 심어야 한다. 이는 카테고리 디자인을 전개할 때 가장 중요한 사실이다. 성공한 카테고리 디자인은 사전에 소비자 인식 속에 카테고리를 심어두었기 때문에 가능했다. 그러고 난 후에 제품, 즉 브랜드가 뒤따른다.

매운 라면은 신라면, 패스트푸드는 맥도날드, 복사기는 제록스 등 브랜드의 성공은 새로운 카테고리를 통해 소비자 사고의 프레임을 분리시켜 미리 위치를 선점했기에 가능했다. 새로운 시장을 개척하거나 새로운 수요를 창출하기 위해서는 카테고리 인식을 통해 브랜드를 심는다는 원칙을 잊지 말아야 한다. 카테고리 인식은 소비자들에게 차별화를 인지시키고 새로운 가치를 창출한다.

시장에 제일 먼저 들어가는 것이 최우선 과제가 아니다. 카테고리 인식에 누가 먼저 성공했느냐가 브랜드 승패의 갈림길이 된다. 소비자에게 강한 카테고리 인식을 심어주는 것이 진정한 성공이다. 카테고리 인식을 심으면서 브랜드까지 함께 심어줘야 한다. 시장 카테고리든, 제품 카테고리든, 가치 카테고리든, 이미지 카테고리든 소비자의 두뇌(기억, 마음) 속에 새로운 카테고리를 먼저 인식시키고 브랜드가 그 뒤를 따라가야 한다. 브랜드를 먼저 인식시키려고 하지 마라. 그것은 기존 브랜드(No.1 브랜드, 리더 브랜드)를 도와주는 행위가 될 뿐이다.

기존 브랜드와 부딪치면 소비자는 귀찮아한다. 소비자는 원래 새로운 것은 좋아하지만 브랜드 자체만으로는 새로움이 없기에 친숙한 기존 브랜드에서 새로운 브랜드로의 전환이 일어나지 않는다. 무의식적 사고에 바탕을 둔 행동 때문에 습관적인 브랜드를 쉽게 버리지 못한다. 그래서 브랜드를 먼저 인식시키는 전략은 마케팅 성공이 보장되지 않는다. 선도적인 브랜드가 되려면 브랜드가 아니라 카테고리를 먼저 알려야 한다.

카테고리 디자인은 제품 인식의 싸움이나 브랜드 인식의 싸움이 아니다. 카테고리 인식의 싸움이다. 하지만 많은 사람들이 마케팅을 제품의 싸움, 브랜드의 싸움이라 생각한다. 결국에는 최고의 제품, 최고의 브랜드가 승리한다고 믿는다. 아니면 최초의 제품, 최초의 브랜드가 성공할 것이라고 생각한다. 하지만 이것은 모두 카테고리 인식이 먼저 끝난 다음에 해야 할 일이다.

카테고리 디자이너는 통상 조사를 통해 사실을 캐내는 일에 집착한다. 자기가 옳다는 것을 확인하기 위해 시장 상황을 분석한다. 그런 다음 자사의 제품(브랜드)이 최고이며, 최고의 제품(브랜드)이 결국은 승리하게 되어 있다는 믿음을 가지고 자신 있게 마케팅 현장 속으로 뛰어든다. 하지만 이는 환상에 불과하다. 객관적인 현실이란 존재하지 않는다. 사실 따위도 없다. 최고의 제품(브랜드) 역시 없다. 마케팅 세상에는 현재 소비자나 잠재 소비자의 기억 속에 자리 잡는 카테고리 인식만이 존재할 뿐이다. 카테고리 인식이 곧 현실이다. 그 외에는 모두 환상이다.

## 카테고리 디자인이 다루어야 할 진짜 현실

모든 진실은 상대적이다. 우리의 마음이나 또 다른 사람의 마음에 따라 진실은 각각 달라진다. 누군가에게 자신이 옳고 다른 사람 모두는 틀렸다고 말하면, 사실 그 사람은 자신이 다른 사람보다 "더 인식을 잘하고 있다"라고 말하는 셈이다. 사람들은 대부분 자기가 다른 사람보다 인식을 더 잘

한다고 생각한다. 자신에게는 오류가 없다고 확신하며, 자기가 이웃이나 친구들보다 훨씬 더 정확하게 인지한다고 믿는다. 진실과 인지는 사람의 마음속에서 만나 융합을 이루면서 그 둘 사이에 차이가 없어진다. 그러나 스스로가 이를 감지하기란 쉽지 않다.

사람들은 마음 밖 세상이 진짜이며, 각각의 개인은 지구상의 작은 점 같은 존재라고 생각한다. 그러나 사실은 그 반대다. 우리가 확신할 수 있는 오직 하나의 현실은 우리 자신의 인식, 그 내부에 존재한다. 소비자의 인식은 먼저 카테고리를 파악하고, 제품, 브랜드 순으로 생각을 한다는 사실을 기억해야 한다. 이것이 카테고리 디자인이 다루어야 할 진짜 현실이다.

대부분의 마케팅 디자인 실수는 현실을 기반으로 제품(브랜드) 전쟁을 치르고 있다는 가정에서 비롯된다. 소비자들은 실제로 새로운 브랜드에 신경을 쓰지 않는다. 오직 새로운 카테고리에 관심을 가진다. 소비자들은 도미노 피자에 관심이 없고 30분 이내에 주문한 피자가 배달되느냐에 주의를 집중한다. 캘러웨어 골프채에 관심이 없고 특대형의 드라이버가 골프스코어를 줄여줄 수 있느냐에만 신경을 쓴다.

대부분의 마케터는 제품(브랜드)이 마케팅의 열쇠이며 제품(브랜드)의 장점 여부에 따라 성패가 결정된다고 생각한다.

바로 이런 생각 때문에 제품(브랜드)을 시장에 내놓는 방법이 잘못될 수밖에 없다. 이렇게 근본적으로 잘못된 카테고리 디자인 본능은 사람의 마음속에서 먼저 카테고리 인식이 형성되는 과정을 연구하고, 이해하고 카테고리 인식에 마케팅의 초점을 맞추는 노력을 할 때 바뀔 수 있다.

우리들은 각각의 두 눈을 통해 세상을 본다. 하지만 그 세상에 객관적인 진실이 있다 해도 우리가 그것을 알아볼 수는 없다. 우리에게 진실을 말해줄 수 있는 사람도 없다. 마케팅 현장에서는 진실이 환상에 불과하다는 주제로 진실과 사실에 대해 많은 논의가 벌어지곤 한다. 수많은 마케팅 의사 결정들이 사실의 비교를 기초로 이루어지고 있으며, 마케터들은 하나같이 진실이 자기편이고 그 진실을 무기로 소비자의 마음속에 존재하는 잘못된 인식을 고치는 것이 지상의 과제라고 생각한다.

이것은 카테고리 디자이너가 객관적인 현실이 있다고 믿기 때문이다. 그렇기 때문에 사실에 초점을 맞추고, 진실이 자기편에 있다고 쉽게 가정하는 것이다. 마케팅 전쟁에서 이길 최고의 제품(브랜드)이 필요하다고 생각하고, 자기가 가진 제품(브랜드)이 최고라고 믿는다.

이것은 그저 카테고리 디자이너가 자신의 인식을 조금

만 수정하면 얻을 수 있는 것이다. 그러나 잠재 소비자의 마음을 바꾸는 일은 이러한 카테고리 디자이너의 생각과는 완전히 별개다. 현재 소비자나 잠재 소비자의 마음을 바꾸는 일은 쉽지 않다. 어떤 카테고리든 약간의 경험만 있어도 소비자는 자신이 옳다고 생각하기 때문이다. 대부분의 사람들은 자신의 인식이 절대적인 것은 아니어도 거의 틀리지 않다고 생각한다.

## 카테고리 인식의 힘

제품이 물리적 공간을 두고 분리되어 있는 경우에는 카테고리 인식의 힘을 보다 쉽게 알아볼 수 있다. 우리나라 자동차 시장에서 가장 많이 팔리는 독일산 수입 자동차는 **BMW**이다. 왜 벤츠가 아닐까? 대부분의 마케터들은 자동차 시장 전쟁이 품질, 디자인, 엔진 마력, 가격 등을 기준으로 이루어지고 있다고 생각한다. 하지만 사실은 그렇지 않다. 브랜드 전쟁에서 승부를 결정짓는 요인은 소비자들이 갖는 생각(인식), 사고의 프레임이다.

만약 할리데이비슨이 자동차를 출시하면 성공할 수 있을까? 우리는 그 자동차가 어떠한가에 따라 성공 여부가 결정된다고 생각할지 모른다. 품질, 디자인, 엔진 마력, 가격이 기준이라고 여길지 모른다. 품질에 할리데이비슨의 명성이 더해지면 금상첨화라고 믿을지 모른다. 그러나 제품이 아무리 좋아도 오토바이 회사라는 카테고리 인식은 할리데이비슨 자동차에 부정적으로 작용할 것이다.

청량음료 시장의 마케팅을 맛의 싸움이라고 믿는 마케터들이 많다. 물론 뉴코크는 맛에서 단연코 최고다. 코카콜라는 20만 번에 달하는 시음 테스트를 실시해 뉴코크가 펩시콜라보다 맛이 좋고, 펩시콜라는 현재 코카콜라 클래식이라고 불리는 오리지널 코카콜라보다 맛이 더 좋다는 사실을 밝혀냈다.

하지만 청량음료 시장의 마케팅 전쟁에서 승리한 쪽은 어디인가? 최고의 맛을 지녔다고 입증된 뉴코크는 3위에 그쳤다. 그리고 제일 맛이 없다고 판명된 코카콜라 클래식이 당당히 1위에 올랐다. 사람들은 자신이 믿고 싶어 하는 것을 믿는다. 보고 싶은 것만 본다. 청량음료의 마케팅 역시 카테고리 인식의 싸움이지 맛의 싸움이 아니다. 콜라라는 제품 카테고리에서 No.1 브랜드는 역시 코카콜라 클래식이다.

이때 소비자들이 간접인식을 근거로 구매결정을 하는 경우가 많다는 사실 때문에 싸움은 더욱 복잡해진다. 사람들은 자신의 인식을 활용하지 않고 다른 사람이 현실을 인식한 내용을 기반으로 구매결정을 한다. 이게 바로 모든 사람이 알고 있는 구매의 원칙이다.

 물건을 사러 온 사람에게 특정 제품을 사용해본 경험이 있느냐고 물으면 대개 경험이 없다고 대답한다. 혹은 경험이 있다고 대답하는 사람의 경우에도 자기가 가지고 있는 본래 인식에 부합하도록 진실을 왜곡할 가능성이 농후하다. 주변에서의 입소문이 소비자에게 간접 인식을 만들어내기에 소비자는 사실 진실한 자기 안의 인식 속에서 제품(브랜드)을 구매할 수 없다.

 마케팅은 제품(브랜드) 인식의 싸움이 아니다. 마케팅은 카테고리 인식의 싸움이다. 새로운 카테고리를 알리기 위해서는 소비자의 의식적 사고에 호소해야 한다. 무의식적 사고가 자연스럽게 처리할 일들을 의식적으로 처리하게 만드는 것이 새로운 카테고리다. 이는 소비자를 당황하게 만든다. 인간은 무의식적 사고를 보완하기 위해 의식적 사고를 발전시키며 진화해왔다. 새로운 카테고리를 먼저 인식시켜야만 의식적 사고가 변화된다. 그래야만 브랜드를 받아들일 소비자 뇌 공간이 형성된다.

 소비자에게 먼저 카테고리를 인식시켜야 비로소 마케팅 전쟁터에서 승기를 잡을 수 있는 기초가 마련된다. 새로운 카테고리의 선도적 브랜드는 자기가 차지할 시장의 부분이 아니라 시장 전체를 키우기 위해 카테고리를 널리 알리는 일을 먼저 시작해야 한다.

# 기존 카테고리를 공격하라!

## 이원성의 법칙

  소비자들의 마음속에 카테고리를 인식시킴으로써 마케팅 전쟁은 시작된다. 새로운 시장을 창조하기 위해 기존 시장을 싸움터로 만드는 것은 백전백패이다. 소비자의 의식 속에 새로운 카테고리를 형성시키는 가장 좋은 방법은 기존 카테고리를 공격하는 것이다. 기존 카테고리와는 다르게 차별화해야만 소비자 의식이 우리 쪽으로 관심을 두게 된다. 소비자의 관심이 우리 브랜드(제품)에 쏠리게 하기 위해서는 기존 카테고리를 공격하는 방법밖에 없다.

새로운 카테고리의 초기 단계에는 사다리에 디딤대가 아주 많다. 그 후 사다리는 두 개의 디딤대 싸움으로 점차 축소된다. 예컨대 건전지에는 에너자이저와 듀라셀이 있다. 인화용 필름에는 코닥과 후지가 있다. 렌터카에는 허츠와 에이비스가 있다. 구강청정제에는 리스테린과 스코프가 있다. 햄버거에는 맥도날드와 버거킹이 있다. 스포츠화에는 나이키와 리복이 있다. 치약에는 크레스트와 콜게이트가 있다. 소주에는 참이슬과 처음처럼이 있다. 피로회복 드링크에는 박카스와 비타500이 있다.

오랜 시간을 두고 잘 관찰해보면 마케팅 싸움은 대개의 경우 두 거물(오래되어 신뢰가 쌓인 브랜드와 신생 브랜드) 사이에서 벌어지는 2파전임을 알 수 있을 것이다. 일반적으로 리더 브랜드는 시장의 60퍼센트를, 2위 브랜드는 25퍼센트를, 3위 브랜드는 6퍼센트의 점유율을 차지했고, 나머지는 개인 브랜드나 군소 브랜드들이 나눠 갖는다.

이원성의 법칙은 시장점유율의 형태가 불안정한 것임을 알려준다. 나아가 리더 브랜드가 시장 점유율을 잃고, 2위 브랜드가 그 시장을 차지하게 되리라는 것을 예견한다. 시간이 지나면 리더 브랜드의 시장점유율은 45퍼센트, 2위 브랜드는 40퍼센트, 3위 브랜드는 4퍼센트로 점차 1위와 2위 브랜드는 시장에 정착하는 반면 3위 브랜드 이하는 사라진다. 이것은 마케팅 전쟁에서 나타나는 자연스런 법칙이다. 성공적인 카테고리 디자이너들은 제일 높은 곳의 두 디딤대에 집중한다.

GM의 전 CEO 잭 웰치는 "경쟁이 치열해지고 있는 전 세계 시장에서는 1, 2위의 회사들만이 승리할 수 있었습니다. 그 외의 회사들은 제자리걸음을 면치 못하거나, 문을 닫거나, 매각되었습니다"라고 강조했다. 이 사고방식이 P&G 같은 회사들을 최강의 기업으로 부상시킨 힘이었다. P&G는 미국 내 44개 제품 영역 중 32개 부문에서 1, 2위의 자리에 올라 있다.

시장이 개발되는 초기에는 3, 4위 자리도 꽤 매력적으로 보인다. 판매율이 증가하고, 새롭고 상대적으로 순진한 소비자들이 시장으로 유입된다. 이 단계의 소비자들은 어떤 브랜드가 리더 브랜드인지 아닌지를 잘 모르고 관심이 쏠리거나 눈길이 가는 상품을 집어 든다. 이런 제품들이 바로 3위나 4위 브랜드일 수 있다. 그러나 시간이 지나면서 소비자들은 점점 브랜드 지식이 많아진다. 그때부터 사람들은 리더 브랜드가 아무래도 더 나을 것이라는 가정하에 리더 브랜드를 원하기 시작한다.

기존 카테고리를 공격하는 것은 바로 이분법의 원리에 따른 새로운 카테고리를 빨리 소비자 인식 속에 기억시키는 방법이다. 예를 들면 이온음료 포카리스웨트, 스포츠음료 게토레이(이제는 파워에이드), 천연조미료 다시다, 화학조미료 미원 등이다.

## 기존 카테고리의 힘을 역이용하라

사람들은 세상을 기본적으로 두 가지로 구분해서 살고 있다. 세상을 둘로 나눈다는 것을 알고 이를 이용해 소비자들의 기억 속에 숨어 있는 진실을 찾아낼 수 있다. 새로운 카테고리는 기존 것과 새로운 것의 이분법을 사용함으로써 효과적으로 소비자의 인식을 점령할 수 있다.

이때는 이것과 저것으로 대비하여 이것의 특징이 분명하게 드러나야 한다. 소비자는 새로운 카테고리를 학습할 때 기존에 학습된 카테고리와 연관시켜 이해한다.

딤채는 기존 김치 냉장고를 냉장기술과 발효과학으로 이분법해서 커뮤니케이션했기에 새로운 카테고리를 지혜롭게 이끌었다. 에이비스(Avis)의 No.2 캠페인, 미스터피자의 여자만의 피자, 펩시콜라의 새로운 세대(new generation) 콜라, 세븐업(7-up)은 언콜라(un-cola)로 기존 카테고리를 공격했다.

소비자들은 마케팅이 브랜드의 싸움이라고 믿고 있다.

'리더 브랜드가 최고일 거야, 그들이 시장 리더이니까!'라는 생각이 사다리 꼭대기에 계속해서 두 개의 브랜드를 올려놓게 만든다. 기존 카테고리를 공격하기만 하지 기존 브랜드까지 죽이는 경쟁을 해서는 안 된다.

폴라로이드의 실수는 즉석 사진 시장에서 코닥을 몰아냈다는 것이다. 시장을 확대시킬 수 있었던 경쟁자를 제거함으로써 시장 파이 자체가 사라지게 만들었다. 기존 카테고리가 존재함으로써 새로운 카테고리는 쉽게 소비자의 기억 속에 들어갈 수 있다. 이전에 없었던 새로운 카테고리에 대한 소비자 수요를 재빨리 형성하기 위해서는 기존 카테고리의 힘을 역이용하는 것이 가장 좋다.

# 빨리 달아오른 만큼
# 빨리 사라진다

## 마케팅 본능을 지닌 창업자

새로운 카테고리를 개척하려면 마케팅 자금이 투자되어야 한다. 또 새로운 카테고리를 키우려면 너무 빨리 움직여서는 안 된다. 바닷물이 서서히 따스해지고, 서서히 차가워지듯이 카테고리 마케팅은 서서히 진화해야 한다. 진화는 오랜 시간을 두고 이루어진다. 슬로우 마케팅이 카테고리 마케팅의 본질임을 잊어버리면, 새로운 카테고리는 빨리 달아오른 만큼 빨리 사라지게 된다.

사람들에게 장기적인 기억으로 남기 위해서 너무 빨리

서두르지 마라. 감각 기억, 단기 기억은 카테고리의 수명을 짧게 만든다. 너무 흥분해서 정신을 차리지 못하게 한다. 타이밍이 중요하지만 현실성을 무시해서는 안 된다.

카테고리 인식이 선행되어 소비자의 의식에 자리 잡고 나면 그것을 예민하게 다루어야 한다. 그러나 기업은 새로운 시장 기회가 왔다고 생각하면 시장 지배력을 빠르게 획득하려고 노력한다. 너무 빨리 움직이면 빨리 사라진다. 천천히, 그리고 민첩하게 움직여야 한다. 가랑비가 몸을 적시듯, 알게 모르게 새로운 카테고리를 기억에 심어줘야 한다. 그래야만 장기 기억, 무의식 속에 브랜드가 살아 있게 된다.

브랜드가 새로운 카테고리를 본의 아니게 죽이는 데에는 그럴 만한 이유가 있다. 마케팅 세계라는 밀림에는 카테고리를 낳아 기르는 브랜드와 카테고리를 죽이는 브랜드가 함께 존재한다. 떠오르는, 새로운 카테고리를 대변하는 새로운 브랜드를 만들어 기존 카테고리의 No.1 브랜드나 리더 브랜드와 경쟁하려는 생각을 품은 중소기업이나 막 창업한 개인 기업이 새로운 카테고리를 낳고 기르는 역할을 할 때가 많다. 그런 중소기업은 예외 없이 마케팅 본능을 지닌 창업자가 설립하여 운영하는 기업들이다.

아연과 탄소로 만든 건전지 브랜드인 에버레디(eveready)가 건전지 시장을 장악하고 있던 시절에 탁월한 마케팅 본능을 지닌 중소기업이 수명이 두 배나 되는 알칼리성 건전지 듀라셀(duracell)을 출시했다. 듀라셀을 출시한 중소기업에 비하면 엄청나게 큰 기업이었던 유니온 카바이드(Union Carbide)의 한 사업부가 내놓은 것이 바로 에버레디였다. 그런데 에버레디는 카테고리를 죽이는 카테고리 디자이너가 이끌고 있었다. 듀라셀이 알카리성 건전지 카테고리를 출시하기 이미 6년 전에 에버레디는 알카리성 건전지를 개발했다. 그리고 이 새로운 알카리성 건전지에 에버레디 알카리 건전지라는 이름을 붙였다.

듀라셀을 내놓은 중소기업의 탁월한 마케팅 능력 덕분에 소비자들은 건전지라는 카테고리에는 값이 비싸지 않은 아연탄소 건전지와 수명이 긴 알카리성 건전지라는 두 카테고리가 있다는 사실을 인식하게 되었다.

에버레디는 알카리성 건전지라는 새로운 카테고리가 사라지지 않자, 알카리성 건전지 브랜드인 에너자이저(energizer)를 내놓는다. 하지만 새로운 카테고리인 알카리성 건전지 시장을 이미 듀라셀이 지배하고 있었다. 타이밍을 놓치면 마케팅 투자를 많이 한다 할지라도 성공하기 힘들다. 에너자이저는 듀라셀의 뒤를 잇는 새로운 2위에 만족해야만 했다. 듀라셀이 등장하기 6년 전에 에너자이저가 등장했다면 누가 현재 No.1일까? 물어볼 필요가 없이 에너자이저일 것이다.

기존 카테고리를 죽이고 새로운 카테고리를 낳고 기르는 브랜드는 승리한다. 미래를 정확히 예측할 수 있는 카테고리 디자이너가 많지 않아 수많은 시장 기회가 흔적도 없이 사라진다. 어떤 새로운 콘셉트가 생겨나도 초기에는 그 콘셉트가 과연 별개의 새로운 카테고리로 발전할 수 있을지 여부를 아무도 알 수 없다. 인터넷이 처음 출현했을 때 인터넷이 새로운 매체가 될지 미리 알고 있던 사람은 거의 없었다. 나아가 텔레비전, 라디오, 신문, 잡지, 책 등 기존의 미디어 전부를 망라한 것보다 더 영향력 있고 중요한 매체가 되리라는 것을 알고 있던 사람은 없었다.

새로운 제품 카테고리는 신이 내리는 것이 아니다. 새로운 제품 카테고리가 도래하는 시기 역시 신이 알아서 결정하지 않는다. 마케팅 노력이 새로운 카테고리를 낳을 수 있다. 또 새로운 카테고리를 탄생시켜 기르는 브랜드가 시장에서 큰 이익을 가져온다.

## 마케팅 패턴을 느리게 가져간다는 것의 의미

느림의 추구는 현재의 마케팅 패턴을 느리게 가져간다는 뜻이 아니다. 원래의 속도, 자연의 속도에 인간의 지향과 방향을 맞추어가면서 '느리면서 잘하는(slowly but surely)' 효과성을 높이자는 것이다. 서서히 진화시킨다는 의미는 원래 시장의 진화, 소비자의 진화 속도에 자연스럽게 발맞춰 간다는 뜻이다.

로마는 하루아침에 이루어지지 않았다. 카테고리 마케팅도 하루아침에 이루어지지 않는다. 기존 카테고리에서의 No.1 브랜드와 리더 브랜드는 새로운 카테고리가 출현해도 잘 눈치 채지 못한다. 시장의 변두리, 가장자리에 존재하는 브랜드이기에 항상 무시하는 것이다. 기존 카테고리의 브랜드는 고정관념이나 사고의 프레임에서 자유롭지 못하기 때문에 절대로 빠르게 움직이지 않는다.

과립 비타민제 '레모나'가 비타민 시장을 장악하고 있는 시기에 '비타500'이 새로운 카테고리인 마시는 비타민 음료로 시장에 출현했지만, '그것이 혁명적이지 못하다'라는 생각 때문에 레모나는 새로운 카테고리인 비타민 드링크 시장을 놓쳐버렸다. 하나의 카테고리를 장악한 브랜드는 새로운 움직임을 단순히 기존 카테고리의 발전 정도로만 생각한다. 사실 이 시기가 바로 새로운 브랜드를 내세워 새로운 카테고리를 낳고 키워야 하는 때다.

카테고리를 무시해서는 마케팅 자체가 성립되지 않는다. 마케팅 상황에 적절하고 관련성 있는 카테고리를 정의해야 한다. 소비자의 구매나 소비행위에 대한 이유와 원인을 정확히 밝히는 메커니즘이 필요하다. 결과에 대한 상관관계를 주장하는 대신, 성공이라는 현상의 배후에 작용하는 근본적인 인과관계의 메커니즘을 밝혀야 한다.

모든 시장에는 소비자들에게 수용되고 발전하는 속도가 있다. 새로운 카테고리가 나타날 때도 별도의 상이한 발전 궤도가 존재한다. 카테고리 마케팅의 관건은 올바른 발전 궤도를 찾아서 꽃을 피우는 것이다.

새로운 카테고리를 성공시키기 위해서 브랜드가 가장 먼저 고려해야 할 것은 소비자의 무의식 속에 카테고리와의 연결고리를 만들어내는 것이다. 소비자가 새로운 카테고리(시장, 제품, 가치, 이미지, 브랜드)를 수용하려면 먼저 소비자의 습관적 사고에 생리적 변화가 일어나야 한다. 이 변화는 한순간에 일어나는 것이 아니라 점진적으로 나타난다.

새로운 카테고리는 초기에는 제로 시장(Zero market)에서 시작한다. 카테고리 인식 속에서 기존 카테고리를 공략하는 것은 하루아침에 이뤄질 수 없고, 잘못되면 기존 카테고리 브랜드의 역공격을 받기 쉽다. 그렇기에 시장의 진화속도를 서서히 움직여 기존 카테고리 브랜드가 무자비하게 공격을 하지 않도록 유도해야 한다.

# 브랜드
# 신경회로를
# 작동시켜라

### 브랜드는 뇌 속에 있는 신경회로다

브랜드는 제품의 특성과 소비자 감정이 한데 결합되어 있는 일종의 신경회로다. 강력한 브랜드는 작은 신호만으로도 뇌 속에 있는 전체 신경 회로를 활성화시키고 이를 통해 구매결정에 무의식적으로 영향을 미친다. 브랜드는 무엇보다 소비자의 구매 태도에 깊이 관계하고 있다. 브랜드는 높은 인지도를 통해 구매결정에 따른 불확실성과 복잡함을 감소시킨다.

카테고리를 대표하는 No.1 브랜드나 리더 브랜드를 접했을 때, 뇌는 자동모드로 전환된다. 구매를 생각하는 데 따로 에너지를 소비할 필요가 없어지고, 무의식적으로 카테고리 대표 브랜드를 선택하게 된다. 이런 브랜드에 긍정적인 감정을 갖게 한다.

감정은 학습 과정을 통해 생기고, 학습은 주로 대뇌변연계에서 일어난다. 새로운 브랜드가 시장에 진입하면 대뇌변연계가 활성화된다. 칠성사이다나 신라면처럼 오래전부터 존재한 브랜드 감정은 대뇌변연계 중에서도 더 오래되고 깊숙한 편도체에 저장된다. 뇌는 외부 자극과 신체 내부에서 비롯된 신호, 감정, 내면의 목소리가 함께 나타날 때마다 이들을 서로 연결시킨다. 해마는 다양한 정보가 신경회로에 결합되어 만들어진 전체적인 상을 신피질 속에 있는 신경회로에 저장한다. 새로운 경험을 통해 뇌의 유일한 회로 변화가 야기되어 뇌 신경회로의 가능성이 브랜드 신경회로를 형성시킨다. 새로운 경험이 기억에 남으려면 뇌가 이를 저장해야 하고, 뇌 신경회로에서 눈에 보이지 않는 작은 변화가 일어나야 한다.

브랜드의 기억은 뇌가 좋아하는 부분을 자각하는 방법으로 커뮤니케이션해야 한다. 브랜드 이미지를 구성하는 감정적 요소는 신피질에 저장된다. 브랜드 이미지는 뇌 속에 있는 다양한 신경세포가 동시에 연결되어 광범위한 신경회로가 구축되면서 생성된다.

카테고리 디자이너는 소비자의 뇌 속에 브랜드가 들어갈 공간을 확실히 마련하기 위해 이 점을 명심해야 한다. 브랜드는 뇌 속에 있는 신경회로나 마찬가지다. 사람의 뇌는 외부에서 약간의 지시 신호만 받아도 머릿속에 있는 전체 브랜드 이미지를 활성화시키고, 구매결정에 무의식적인 영향을 미친다. 브랜드 신호가 보이면, 그것이 무언가를 감지하기도 전에 소비자 뇌 속에서는 브랜드 신경회로가 활성화된다.

뇌는 감정과 결합되어 있는 대상만을 가치 있게 여긴다. 브랜드 신경회로가 소비자의 의식적이고 무의식적인 사고와 행동을 자극한다. 마케팅 활동은 결국 소비자의 뇌와 함께 호흡하는 것이다. 카테고리를 대표하는 브랜드는 전형적인 형태를 가지고 있으며 소비자의 뇌 속에 분명하고 명료한 감정을 보유하고 있다.

## 브랜드 신경회로를 만드는 첫걸음

의식은 에너지가 많이 소모되는 활동이다. 그래서 뇌는 무의식적인 자동모드를 작동시키는 것을 선호한다. 브랜드 신경회로는 명백하게 자동모드를 보유하고 있다. 뇌는 자동적으로 좀 더 익숙하고 호감이 가는 브랜드, 즉 브랜드 신경회로가 형성된 브랜드를 선택하고 브랜드 행동으로 돌진한다. 사람의 뇌가 한순간 처리할 수 있는 정보의 양은 제한되어 있기 때문에 극히 소수의 중요한 자극만이 선택되어 뇌에 저장된다. 이러한 뇌의 정보처리과정을 바로 '주의(attention)'라고 한다.

그렇기 때문에 최초에 뇌가 각성이 일어나도록 자극해야 한다. 이것이 의식이며 새로운 카테고리는 뇌가 주의 집중하도록 만들어야 한다. 그리고 지속적인 주의를 일으키도록 함으로써 뇌가 지금 이 순간에 해야 할 필요 정보를 선택하도록 한다. 뇌는 이러한 선택적인 주의를 통해 주의를 할당하고, 그 할당의 중심에 우리 브랜드가 있게 하는 것이 브랜드 신경회로를 만드는 첫걸음이 된다.

브랜드 신경회로를 작동시키기 위해서는 새로운 카테고리로 소비자 의식을 흔들어 브랜드가 들어갈 틈을 열고, 그 열린 문을 통해 우리의 브랜드를 무의식 속으로 밀어넣을 때 생겨난다. 브랜드 신경회로는 동일한 브랜드 메시지를 끝없이 반복하는 과정에서 생겨난다. 소비자의 브랜드 습관, 무의식적 브랜드 행동이 선택하는 브랜드는 성공한 것이고, 소비자 의식 속에 들어 있는 브랜드 이미지는 오랫동안 거의 동일하게 유지된다.

그래서 소비자의 오래된 브랜드 습관을 변화시키기 위해서는 먼저 카테고리로 소비자 의식을 깨우고, 기존 카테고리를 공격함으로써 새로운 카테고리를 뇌 속에 점유시켜 브랜드 신경회로를 만들어내면 된다.

소비자의 뇌가 미리 알아서 움직이게 하는 것이 브랜드 신경회로를 만드는 것이다. 실제로 소비자의 뇌 속에 새로운 브랜드 신경회로를 구축하고 유지하려면 많은 에너지가 소모된다. 진화의 원칙은 에너지 절약이다. 그렇기에 뇌는 새로운 브랜드 신경회로가 만들어지는 것을 좋아하지 않는다. 뇌 속에 브랜드 신경회로가 생길 수 있는 공간이 확보되고 최대한 동일한 감정과 형태의 브랜드 메시지를 반복할 때 비로소 브랜드 핫라인(Brand hotline)이 생긴다. 소비뿐만 아니라 모든 인간 행동 및 정신 활동은 뇌에서 만들어진다는 사실을 잊어서는 안 된다.

## 소비자 무의식의 지도

브랜드 신경회로는 소비자의 머릿속에 있는 무의식의 지도다. 그러나 에너지 절약원칙이 본능인 사람의 뇌는 브랜드 신경회로의 숫자를 최소한으로 유지하려고 한다. 뇌 속에

추가되는 모든 저장 공간은 에너지를 소모시킨다. 의식이 작동할 때도 에너지가 소모된다. 그래서 새로운 브랜드를 소비자의 뇌 속에 정착시키는 것은 쉽지 않다. 카테고리 마케팅을 통해 소비자의 뇌에 접근하는 것은 자연스럽게 사람이 카테고리를 무의식적으로 사고하는 것에 초점을 맞추고 있을 때 가능하다. 이를 알고 있으면 새로운 브랜드 신경회로를 형성하는 데에 유용하다.

이렇듯 소비자들이 알아차리지 못하는 사이에 무의식적인 프로그램에 브랜드 습관을 저장시킴으로써 새로운 브랜드 신경회로를 만들 수 있다. 새로운 카테고리는 새로운 경험을 의미하고, 이는 뇌의 신경 구조나 배열을 전반적으로 재구성하기보다 기존의 신경회로 연결의 강도를 강화하는 것이다. 그래서 무의식의 지도에 브랜드를 표시하게 만든다. 브랜드를 뇌의 지도 속에 안착시키기 위해서는 천천히 움직이면서도 동일한 메시지를 반복해야 한다.

카테고리 마케팅은 무의식 사고, 습관적 행동을 일으키는 소비자 뇌를 카테고리를 통해 의식적 차원에서 새로움을 받아들이도록 한다. 브랜드를 열린 의식의 틈새로 자연스럽게 걸어 들어가게 한다. 그러고 나면 그 열린 소비자의 뇌를 통해 무의식적인 영역으로 접근하여 자사 브랜드의 신경회로를 형성시킨다.

뇌 활동은 인간의 마음을 형성하고 이 마음은 사고를 구성하는 도구가 된다. 그래서 "마음은 뇌 활동의 결과(mind is what the brain does)"라고 인지 신경과학자들은 말한다. 무의식적 마음은 의식적인 노력을 통해 배웠으나 반복적인 사용을 통해 자동화된다. 새롭게 형성된 브랜드 신경회로는 새로운 수요를 만들어내는 원천이 된다. 카테고리 마케팅은 소비자의 의식에서 출발하며 무의식에 브랜드를 안착시킨다. '새로운 카테고리를 찾아라'라는 마케팅 비밀 지령은 이렇게 완수된다.

| 에필로그

# 카테고리 디자인으로
# 지속적인 성공을 창조하라

카테고리 디자인에 대한 통찰은 오래전부터 시작됐다. '카테고리 디자인이 성공하려면 어떻게 브랜드와 카테고리 관계의 상호작용을 이해해야 할까'라는 고민이 출발 지점이었다. 그리고 지금에야 비로소 카테고리 디자인이 성공 마케팅의 최우선적인 과제임을 알게 되었다.

과거에는 카테고리를 마케팅의 한 부분으로서 고려하는 정도였다. 새로운 제품이 나왔을 때, 소비자에게 포지셔닝을 할 때, 아니면 광고에서 강력한 브랜드 메시지를 찾아야 할 그 순간에 카테고리를 고려했다.

그러나 이제는 카테고리 콘셉트의 활용범위가 처음부터

(시장기회 발견) 끝까지(시장 확장) 마케팅의 전체를 관통하는 일관성 있는 개념으로 사용되어야 한다.

새로운 카테고리를 탄생시키지 않으면 새로운 수요 또한 일어나지 않는다. 결국 브랜드는 소멸하고 만다. 롱런 브랜드로 브랜드의 생명을 연장시켜야만 기업은 연속적으로 존재할 수 있다. 그 중심의 핵은 카테고리에 있다. 카테고리 디자인은 사람에 관한 이야기, 소비자에 관한 이야기고 이는 결국 사람의 뇌, 마음, 생각에 바탕을 둔 실체적인 마케팅 에센스다.

마케팅의 세계는 생물의 세계와 동일하게 사라짐과 태어남이 순환관계를 이루면서 흘러간다. 생존경쟁과 적자생존이 무한히 이루어진다. 그 흘러감의 순간 속에 생존과 번식을 위한 본능적인 직감이 수반되지 않으면 결코 계승(이어짐)은 일어나지 않는다. 마찬가지로 브랜드의 카테고리 디자인에 대한 전략적인 사고의 틀이 있어야 계승과 혁신을 이어갈 수 있다.

과거 카테고리 디자인은 제품 카테고리를 전략적인 사업단위(BusinessUnit)로 보지 않고, 카테고리 디자인의 효율과 효과라는 측면에서 오로지 제품에 중심을 두는 사고에 한정돼 있었다.

이때의 카테고리 디자인은 기업(Maker)과 소매상(Retailer)이 기존에 갖고 있었던 분류를 바탕으로 했다. 카테고리가 소비자의 소비습관과 행동에 어떤 영향을 미치는지에 대해 인식하지 못했기 때문이었다.

카테고리 디자인은 기업과 소매상이 소비자 가치를 최대화할 목적으로 하는 행위였으며, 이는 아래의 기업경영의 3가지 목적을 관리하기 위해 발생된 것이다.

첫째, 목표매출과 이익을 달성하기 위해 카테고리를 전략적 사업단위로 간주하여 기업과 소매상의 비즈니스를 관리한다.

둘째, 기업과 소매상이 공동으로 카테고리 디자인 계획을 개발한다.

셋째, 상품 매입과 상품 진열의 의사결정 권한을 통합하여 처리한다.

카테고리 디자인은 기업과 소매상이라는 제품 제공자가 최적으로 관리할 수 있는 사업단위를 설정하여 소비자 가치를 최대화시키는 과정에 불과했다. 그러나 실제로 카테고리는 소비자에 의해 자의적으로 결정되는 측면이 있기에 제공자가 의도한 카테고리가 반드시 소비자가 생각하는 카테고리와 일치할 수는 없다.

소비자의 카테고리화(Categorization)는 기존의 범위와 틀에 따라 제품을 분류하는 행위일 뿐만 아니라 소비자 스스로 세계를 해석하는 정보처리 행위다. 물론 소비자의 선택적 행동에는 기업이 의도하는 전략과 경쟁적 상황이 반영되어 있지만, 소비자는 경험상 애착이 가는 브랜드에 전형적으로 습관화되어 있기 때문에 독자적으로 상황을 해석하여 카테고리를 선택한다.

브랜드 카테고리화의 기준은 매우 중요하다. 브랜드를 기준으로 제품을 카테고리화하는 경우 새로운 제품을 시장에 출시해도 자사 브랜드와 카니발리제이션(Cannibalization, 자기 잠식)이 쉽고, 경쟁 브랜드의 충성 소비자를 획득하는 데 비용이 많이 든다.

그래서 소비자의 관점에 의해 새롭게 카테고리 디자인을 해야 한다. 카테고리의 분화와 진화가 마케팅의 성공을 지속시키는 가장 강력한 힘이다. 소비자의 기억(뇌)속에 시장 카테고리든, 제품 카테고리든, 가치 카테고리든, 이미지 카테고리든 확실하게 인식시키는 것이 카테고리 디자인이 성공할 수 있는 지름길이다. 즉, 브랜드 자체가 카테고리가 되는 것이 궁극적인 길이다. 카테고리 디자이너는 이 관점만이 브랜드의 지속적인 성공과 성장을 보장하는 유일한 길이라는 사실을 잊어서는 안 된다.

지금까지 새로운 수요를 창조하는 기술, 즉 카테고리의 디자인에 대해 알아보았다. 이제 이 책을 읽는 당신이 뛰어난 카테고리 디자이너로서 새로운 세상을 이끌어갈 차례다.

| 참고문헌

1. 에이드리언 J. 슬라이워츠키 · 칼 웨버 지음, 유정식 옮김, 『디맨드(Demand)』, 다산북스, 2012
2. 제임스 하킨 지음, 고동홍 옮김, 『니치(Niche)』, 더숲, 2012
3. 사울 J. 버먼 지음, 김성순 옮김, 『낫 포 프리(Not For Free)』, 다산북스, 2012
4. 데이비드 아커 지음, 이상민 · 최윤희 옮김, 『브랜드 연관성(Brand Relevance)』, 브랜드컴퍼니, 2010
5. 존 거제마 에드 러바 지음, 노승영 옮김, 『브랜드 버블』, 초록물고기, 2010
6. 알 리스 · 로라 리스 지음, 최기철 · 이장우 옮김, 『경영자 vs 마케터』, 흐름출판, 2010
7. 닐 마틴 지음, 홍성대 · 박지혜 옮김, 『해빗(Habit)』, 위즈덤하우스, 2009
8. 황민우 지음, 『시장 발견의 기술』, 마젤란, 2009
9. 이장우 · 황성욱 지음, 『마케팅 빅뱅』, 위즈덤하우스, 2009
10. 김훈철 지음, 『마케팅 찬스』, 다산북스, 2009
11. 우석봉 지음, 『브랜드 심리학』, 학지사, 2007
12. 알 리스 · 로라 리스 지음, 최광복 옮김, 『브랜드 창조의 법칙』, 넥서스Biz, 2005
14. 조 캘러웨이 지음, 윤천규 · 이상경 옮김, 『카테고리 원 브랜드 전략』, 김앤김북스, 2005
15. 패트릭 바위즈 · 션 미핸 지음, 홍성준 · 조자현 옮김, 『Simply better』, 마젤란, 2005

새로운 수요를 창조하는 기술
## 카테고리를 디자인하라

초판 1쇄 발행 2014년 2월 4일
초판 2쇄 발행 2014년 5월 9일

**지은이** 김훈철 · 김선식 지음
**펴낸이** 김선식

**경영총괄** 김은영
**마케팅총괄** 최창규
**책임편집** 박지아  **디자인** 황정민
**콘텐츠개발1팀장** 류혜정  **콘텐츠개발1팀** 한보라, 박지아
**마케팅본부** 이주화, 이상혁, 도건홍, 박현미, 백미숙, 윤병선, 반여진
**경영관리팀** 송현주, 권송이, 윤이경, 김민아, 한선미

**펴낸곳** (주)다산북스  **출판등록** 2005년 12월 23일 제313-2005-00277호
**주소** 경기도 파주시 회동길 37-14 3, 4층
**전화** 02-702-1724(기획편집) 02-6217-1726(마케팅) 02-704-1724(경영관리)
**팩스** 02-703-2219  **이메일** dasanbooks@dasanbooks.com
**홈페이지** www.dasanbooks.com  **블로그** blog.naver.com/dasan_books
**종이** 월드페이퍼(주)  **출력 · 제본** 스크린그래픽  **후가공** 이지앤비 특허 제10-1081185호

ISBN 979-11-306-0114-4 (13320)

- 책값은 뒤표지에 있습니다.
- 파본은 구입하신 서점에서 교환해드립니다.
- 이 책은 저작권법에 의하여 보호를 받는 저작물이므로 무단 전재와 복제를 금합니다.
- 이 도서의 국립중앙도서관 출판시도서목록(CIP)은 서지정보유통지원시스템 홈페이지(http://seoji.nl.go.kr)와 국가자료공동목록시스템(http://www.nl.go.kr/kolisnet)에서 이용하실 수 있습니다. (CIP제어번호 : CIP2014001552)

> 다산북스(DASANBOOKS)는 독자 여러분의 책에 관한 아이디어와 원고 투고를 기쁜 마음으로 기다리고 있습니다. 책 출간을 원하는 아이디어가 있으신 분은 이메일 dasanbooks@dasanbooks.com 또는 다산북스 홈페이지 '투고원고'란으로 간단한 개요와 취지, 연락처 등을 보내주세요. 머뭇거리지 말고 문을 두드리세요.